経営者のための

株式上場ハンドブック

税理士法人 山田&パートナーズ
優成コンサルティング株式会社
［編著］

第3版

財経詳報社

第 3 版にあたって

　「新規上場冬の時代」と呼ばれた初版や改訂版の時期から，本年平成27年は100社近くの新規上場数が予想される状況になり，新規上場を取り巻く環境がやっと回復してきました。

　いままで上場に対して消極的であった経営者の方々からも，再度上場について検討したい，最新の上場ルールが知りたい，というご要望が急速に増えてまいりました。

　そこで第 3 版では，その後改正された上場市場，上場基準，会社法，金融商品取引法などを反映し，見直しを行いました。さらに株式上場にあたって考慮すべき税務課題について第 9 章「上場準備時の税務上の留意事項」として追加いたしました。上場を目指す会社の経営者，役員の方にとって役立つコンパクトな書籍としてこれまで以上にご愛顧いただければ幸いです。

　最後に第 3 版の出版の機会を頂きました株式会社財経詳報社の皆様方に厚く御礼申し上げます。

平成27年 7 月

　　　　　　　　　　　　　　　著者代表
　　　　　　　　　　　　　　　優成コンサルティング株式会社
　　　　　　　　　　　　　　　代表取締役社長　　　大山　文夫

改訂にあたって

　昨年（平成20年）の我が国の証券市場は，歴史的な株価の下落，相次ぐ上場会社の破綻などで未曾有の危機に陥りました。

　このような環境下で，昨年の新規上場会社数も一昨年（平成49年）の121社より大幅に減少し，49社に留まりました。このうち初値が公募価格を下回った会社は26社にものぼり，新規上場会社にとっても厳しい市場環境となりました。

　東京証券取引所は，証券市場の多様化をはかるべく，平成21年6月にプロ投資家向け市場「TOKYO AIM」を開設いたしましたが，前年からの流れは止まらず，平成21年の新規上場会社（予定も含む）は平成21年9月14日現在，14社とさらに減少して，「もはや株式上場は魅力がなくなった」との論調が世間を支配しています。

　確かに現時点での株式上場をめぐる環境には，日本版SOX法の平成21年3月期からの導入による社内外の対応コストの発生，IFRS（国際会計基準）導入の動きによる不透明要因の増加，株価下落に伴う株式市場での資金調達能力の低下などのマイナス要因もあります。しかしながら知名度の向上（ビジネスチャンスの増大），会社および従業員の社会的信用力の増大，人材獲得能力の向上といった株式上場のメリットはまだまだ十分にあると考えます。また，低下したとはいえ，間接金融だけではなく，直接金融も含めた資金調達の円滑化や多様化の機能も大きなメリットといえます。株式上場によるデメリットと言われているディスクロージャー義務の

強化も，積極的に考えれば，内部管理体制の充実をもたらすよい機会とも考えられます。

　加えてメリットのうちの1つと考えるのは，株式上場により間接金融に対する経営者の個人保証が解除される点です。この結果，次の経営者を現在の経営者のご子息をも含めた幅広い選択肢の中から選定でき，会社の永続的な発展の可能性が高まると考えます。すなわち，株式上場とは，「もはやオーナー経営者個人のものではなく，社会的な存在となった会社に，制度としての社会性を与える行為」といえるのではないでしょうか？

　このような厳しい上場環境のなか上場を目指す会社にとっては，われわれのような会社をサポートするもののアドバイス・指導・協力が，より求められる環境にあると認識し，今後もタイムリーな情報発信を行っていく所存です。

　本書が，会社を発展させる素晴らしい手段である「株式上場」をなお一層正しく理解していただくきっかけとなり，会社の発展を目指す経営者・経営幹部の方はもとより，その発展のご指導に携わる方にとって少しでもお役に立てれば幸いです。

平成21年11月

　　　　　　　　　　　　　　著者代表
　　　　　　　　　　　　　　優成コンサルティング株式会社
　　　　　　　　　　　　　　代表取締役社長　　大山　文夫

はしがき

「株式上場が難しくなった。」,「株式上場のメリットがなくなった。」と最近言われるようになってきました。果たしてそうでしょうか？　確かにその指摘が当たっている面もありますが，私どもは,「株式上場を正しく理解し，適切な方法でプロジェクトを進めれば決して難しくはない！」,「適切に利用すれば株式上場のメリットは大きい！」と考えます。

というのは，日本の金融は大きな変革期にあり，今後ますます直接金融の役割が大きくなると考えるからです。もちろん私募債やCLOなど株式上場しなくても銀行借入以外の手段は多様化していますが，やはり公募増資や公募債など，直接金融の選択技もあった方が資金調達の幅が広がるというメリットが明らかにあるからです。

株式上場の核になる管理部門やCFOを軽視したばかりに株式上場ができなかったり，株式上場後に問題が生じたりしたケースは，原因が明らかなのですから，皆さんはこのような先輩の失敗を生かせば良いわけです。また，直接金融と間接金融では，直接金融の方がリスクは大きいわけですから，求められる（資本）コストは直接金融の方が大きいという単純な理論を無視して時価発行増資を行った事例も良い教訓になると思います。

本書は株式上場を正しく理解し，株式上場を「会社のため」,「従業員のため」,「顧客や社会のため」, そして少しばかり「自分のため」に生かそうと考えている，会社経営者やオーナーの皆様，そして役員の方を念頭においております。内容は，弊社グループで書き溜めていたものを，会社法の

改正，新市場 NEO の誕生など新たな規則改正に対応して見直し，とりまとめたものです。

　本書を読まれた方が株式上場を正しく理解し，株式上場を有効に利用して会社が成長・発展し，そこに集まった皆様のお役に立てれば，望外の幸せです。

　平成20年1月

著者代表
優成コンサルティング株式会社
代表取締役　　大山　文夫

目　次

- 第1章　株式上場とは？ ……………………………………………………… *1*
  - 1　株式上場の意義 ……………………………………………………… *1*
  - 2　各市場の概観 ………………………………………………………… *2*
- 第2章　株式上場のメリット・デメリット …………………………… *5*
  - 1　株式上場のメリット ………………………………………………… *5*
  - 2　株式上場のデメリット ……………………………………………… *7*
- 第3章　株式上場制度の概要 …………………………………………… *9*
  - 1　上場審査 ……………………………………………………………… *9*
  - 2　形式基準 ……………………………………………………………… *9*
  - 3　実質基準 ……………………………………………………………… *12*
  - 4　上場後の会社情報開示（ディスクロージャー制度）………… *14*
- 第4章　株式上場に関する法規制 ……………………………………… *17*
  - 1　上場前規制 …………………………………………………………… *17*
  - 2　上場後に適用される法規制 ………………………………………… *24*
- 第5章　株式上場までに準備すべき事項 …………………………… *38*
  - 1　上場準備を開始する前に実施すべき事項 ……………………… *38*
  - 2　上場直前々々期もしくは上場直前々期に実施すべき事項 …… *42*
  - 3　上場直前期に実施すべき事項 ……………………………………… *47*
  - 4　上場申請までに実施すべき事項 …………………………………… *49*
  - 5　上場までに実施すべき事項 ………………………………………… *51*

目 次

  6 上場後実施すべき事項 …………………………………… *52*

第6章 資本政策のポイント ………………………………… *54*
  1 資本政策とは ……………………………………………… *54*
  2 資本政策の作成方法 ……………………………………… *54*
  3 基本方針の設定における留意事項 ……………………… *56*
  4 上場時の株価および発行済株式数の想定における留意事項
    ………………………………………………………………… *60*
  5 公募および売出し株式数の決定における留意事項 ……… *61*
  6 個別スキームの決定における留意事項 ………………… *65*

第7章 関係会社対策のポイント ……………………………… *66*
  1 株式上場準備段階での関係会社対策の意義 …………… *66*
  2 株式上場準備段階での関係会社 ………………………… *67*
  3 上場審査で意識すべき関係会社の範囲 ………………… *68*
  4 連結の範囲 ………………………………………………… *69*
  5 関係会社に関する今後の上場審査の方向性 …………… *72*

第8章 上場準備時の会計上の留意事項 ……………………… *74*
  1 上場会社における会計処理の基準 ……………………… *74*
  2 会計処理の見直しの際のチェック項目 ………………… *74*

第9章 上場準備時の税務上の留意事項 ……………………… *86*
  1 株式の譲渡について ……………………………………… *86*
  2 配当について ……………………………………………… *89*
  3 新株発行について ………………………………………… *91*
  4 ストック・オプションに関する課税関係について ……… *93*

目 次

　　　5　資産管理会社の活用 ……………………………………………… *95*

第10章　JASDAQ 市場 ……………………………………………… *99*
　　　1　JASDAQ（ジャズダック）市場とは ………………………… *99*
　　　2　JASDAQ 市場の概要 …………………………………………… *99*

第11章　東証マザーズ ……………………………………………… *110*
　　　1　東証マザーズとは ……………………………………………… *110*
　　　2　マザーズ創設の背景 …………………………………………… *110*
　　　3　マザーズの特徴 ………………………………………………… *111*
　　　4　マザーズの上場基準（形式基準） …………………………… *113*
　　　5　マザーズの上場基準（実質基準） …………………………… *115*
　　　6　マザーズの情報開示 …………………………………………… *119*

第12章　その他の新興・成長企業向け市場 ……………………… *121*
　　　1　セントレックス（名古屋証券取引所） ……………………… *121*
　　　2　アンビシャス（札幌証券取引所） …………………………… *123*
　　　3　Qボード（福岡証券取引所） ………………………………… *125*
　　　4　TOKYO PRO Market …………………………………………… *127*

第13章　上場基準一覧表 …………………………………………… *131*

第1章 株式上場とは？

1．株式上場の意義

　一般的に株式上場をしていない企業の株式は，オーナー一族や役員・従業員といった少数の株主によって所有されており，必ずしも自由に売買できたり，明確な時価が定まっているものではありません。これに対して株式上場とは，企業の株式を不特定多数の投資家が自由に売買でき，かつ明確な時価が提示されている市場に流通させることです。

　したがって株式上場を行うと，上場を行う際だけでなく上場後も増資等の手段により広く社会から資本を集めることができます。また同時に，多数の人々が容易に企業の所有者として経営に参画できるようになるため，企業がより社会的な存在になることであるともいえます。

　株式を流通させる市場（証券市場）は複数存在しており，市場ごとに株式上場のための条件（上場基準）は異なっています。企業は，上場しようとする市場の条件をクリアすることで自社の株式を当該流通市場に流通させることができます。

　従来，日本における証券市場としては，証券取引所と株式店頭市場（現在の「JASDAQ」）がその中心でした。しかし平成11年10月以降，東証マザーズやナスダック・ジャパン（現在の「JASDAQ」に統合）といった新しい市場が創設され，これから上場を目指そうとする会社にとっては，上場市場の選択肢が大きく広がりました。

　さらに平成21年6月の金融商品取引法の改正により，プロ向け市場も開設可能となったことにより「TOKYO AIM 取引所」（現在の「TOKYO

PRO Market」)が誕生しました。

2．各市場の概観

(1) 証券取引市場

　証券取引所とは，有価証券等の売買取引をする目的で金融商品取引法の規定により設立された市場で，全国に4ヶ所（札幌，東京，名古屋，福岡）の証券取引所が存在します。このうち，東京・名古屋の各証券取引所には，市場第一部と第二部(注)が存在します。さらに，上記の既存市場に加えて，各証券取引所は平成11年10月以降，各証券取引所内にそれぞれ新興・成長企業向け新市場を開設しました。

> (注)　証券取引所の市場第一部と第二部について
> 　　東京・名古屋の各証券取引所に初めて上場される株式は，原則として，まず市場第二部銘柄に指定されます。市場第一部への指定は，上場会社の申請に基づき，取引所が審査を行って「市場第一部銘柄指定基準」に適合すると認められる銘柄を市場第一部銘柄に選定します。

　東京証券取引所（以下，「東証」）は，平成11年11月に高い成長の可能性を有する新興企業の資金調達を円滑にし，以て新たな産業の育成に資するとともに，投資家に多様な投資機会を提供することを目的として，ベンチャー向け新市場「マザーズ」を創設しました。

　名古屋証券取引所（以下，「名証」）は平成11年10月に「セントレックス」を，札幌証券取引所（以下，「札証」）は平成12年4月に「アンビシャス」を，福岡証券取引所（以下，「福証」）は平成12年5月に「Q-BOARD」（Qボード）を創設しました。各証券取引所とも成長性が期待できる新興企業に資金調達の場を提供しています。

　さらに他の証券取引所でも，これと並行して新興・成長企業向け新市場が創設されました。

（2） JASDAQ 市場

　従来は証券取引所のように組織化された市場ではなく，取引所を通さず証券会社の店頭で株式の売買が行われる市場であり「株式店頭市場」と呼ばれていましたが，平成16年12月13日に取引所市場に変更されました。

　その後，大阪証券取引所（以下，「大証」）の傘下に入り，大証の新興市場向け市場であった，旧ナスダック・ジャパンの「ヘラクレス」，JASDAQの新興・成長向け市場「NEO」と「旧JASDAQ」が統合され「新JASDAQ」となりました。さらに，平成25年7月に大証の現物市場が東証に統合されたため，東証の管理下の市場となっています。新JASDAQ市場は一定の企業規模と実績を有し，事業の拡大が見込まれる企業を対象とした「スタンダード市場」と特色ある技術やビジネスモデルを有し，将来の成長可能性に富んだ企業（場合によっては赤字でも可能）を対象とした「グロース市場」があります。

（3） TOKYO PRO Market

　平成21年6月に成立した改正金融商品取引法に盛り込まれたプロ向け市場制度を活用し，同月に東証グループとLondon Stock Exchange（以下，「LSE」）が共同で「TOKYO AIM」として設立・運営した取引所です。平成24年7月からは「TOKYO PRO Market」として，TOKYO AIMの市場コンセプトを承継し，東証が市場運営を行っています。

第1章　株式上場とは？

■証券市場一覧

市場 証券取引所	従来の市場	新興・成長企業 向け新市場	プロ向市場
東京証券取引所	市場第一部，第二部	マザーズ JASDAQ （スタンダード／ グロース）	TOKYO PRO Market
名古屋証券取引所	市場第一部，第二部	セントレックス （成長企業市場）	―
札幌証券取引所	既存市場	アンビシャス	―
福岡証券取引所	既存市場	Qボード	―

第2章 株式上場のメリット・デメリット

　株式上場には，会社，株主，役員・従業員にとって，以下のようなメリットおよびデメリットがあります。株式上場を目指すにあたっては，これらのメリットとデメリットを比較検討した上で，株式上場を行うべきかどうかを判断する必要があります。

メリット	デメリット
1．財務体質の強化	1．ディスクロージャーの義務
2．知名度・信用度の向上	2．経営責任の増大
3．優秀な人材の獲得	3．社会的責任の増大
4．従業員の志気・モラルの向上	4．株主対策
5．経営管理体制の強化	5．敵対的買収のリスク
6．創業者利潤の実現	6．事務量・事務コストの増大
7．株式の流通性の増大と資産価値の増加	

1．株式上場のメリット

(1) 資金調達手段の多様化による財務体質の強化

　株式上場により（または上場する過程で），（上場を目指さなければ難しかった）私募又は公募による時価発行増資，社債，新株予約権付社債の発行など直接金融の道が開かれます。株式上場後は，金融機関に対する信用力が向上し，より有利な条件での借入が行いやすくなります。このように，株式を上場することによって多様な方法による多額の資金調達が可能となり，財務体質を強化することができます。

(2) 知名度・信用度の向上

　株式を上場できるのは，上場審査をクリアした一握りの会社であるため社会的信用度が飛躍的に高まります。また，上場会社は日々の株価や決算情報，事業内容や経営方針などがマスメディアにも取り上げられるため知名度もアップします。これにより金融機関だけでなく得意先，仕入先等に対しても取引条件や与信面等で有利になります。

(3) 優秀な人材の獲得

　株式上場により，将来性がありかつ内部管理体制も整備されている魅力的な会社と評価されるようになります。これにより，就職希望者が増え，優秀な人材を獲得できる確率が高くなります。

(4) 役員・従業員の志気・モラルの向上

　株式上場により，役員や従業員は，その会社で働くことへの満足感を増し，会社への愛着を高めるでしょう。また，従業員自身の社会的信頼性も高まり，上場会社の従業員としての自覚を持つようになるでしょう。さらに，ストックオプション制度や従業員持株会を活用することによって従業員の志気・モラルをより一層高めることができます。

(5) 経営管理体制の強化

　組織的な経営管理体制は上場審査の重要項目です。そのため，上場準備の過程では，内部牽制組織や予算管理といった経営管理体制の強化が図られることになります。これにより，これまで見えにくかった経営管理上の数値やデータ，その流れなどがタイムリーに把握できるようになり，経営の機動性・迅速性も高まります。

（6） 創業者利潤の実現

株主，特にオーナー経営者は株式上場時に自社株を市場で売り出すことにより，相当額のキャピタル・ゲインを得ることができます。この創業者利潤は，新興市場から市場第1部や第2部への指定換えや上場の際にも得ることができます。

（7） 株式の流通性の増大と資産価値の増加

株主にとっては，株式上場により，株式の流通性が高まり，公正かつ客観的・合理的な株価が形成されるため，投下資本の回収が容易になります。さらに，上場後は，上場前に比べて一般的に株価が高くなることが多く，株式の財産的価値が高まります。

2．株式上場のデメリット

（1） ディスクロージャーの義務

投資家保護の観点から，上場会社に対しては，投資判断のための資料として決算発表，有価証券報告書，四半期報告書等の提出が義務づけられており，その他にもタイムリーな企業内容の開示が要求されています。これらにより，「ガラス張り経営」が要求されます。

（2） 経営責任，社会的責任の増大

株式上場によって株式が広く一般投資家の間で取引されるようになると，経営者の経営責任，企業の社会的責任は飛躍的に増大します。

経営者は，株式上場前には少数の特定の株主だけを意識していれば十分でしたが，株式上場後には社会に散在する多数の株主のための経営を求められます。株価や配当について常に株主から期待されるだけでなく，社会

的企業にふさわしいコーポレート・ガバナンスやコンプライアンス（法令遵守）が強く求められます。そのため，経営者はこれまで以上にその発言や行動に十分な注意を払い，不祥事やスキャンダルが絶対に起こらないようにしなければなりません。

（3） 株主対策，敵対的買収のリスク

株式上場により，株式が社会一般に流通するようになると，自社の株式が投機的取引や，買占め，敵対的買収の対象となる可能性があります。また，最近は減少傾向にあるものの株主総会で悪質な株主が少数株主権を濫用する場合や，株主代表訴訟を受ける場合があることにも，十分に注意を払っておく必要があります。

（4） 事務量・事務コストの増大

株式上場の準備段階では，経営管理体制の整備，人材の獲得，上場申請資料の作成等に多大なコストが必要となるでしょう。また，上場時には，上場審査料，上場手数料，募集・売出しに係る引受手数料なども発生します。

さらに，上場会社になれば，ディスクロージャーに伴う経理事務，株式事務，株主総会の運営など，事務量が飛躍的に増加します。また，毎年，監査費用，上場管理料，有価証券報告書等の開示資料の作成費用，IR活動費などの費用が発生するようになります。

これらのコストは，1年当たり数千万円，場合によっては数億円になることも少なくありません。株式上場を目指すにあたっては，これらのコストを事前に十分認識しておく必要があります。

第3章 株式上場制度の概要

1．上場審査

　株式が上場されると，不特定多数の投資家が上場会社の発行する株式を売買することが可能となります。そのため，上場会社は投資家が安心して投資できるような会社でなくてはなりません。そこで，株式を上場しようとする会社は，上場会社としての資質があるのか否かについて，上場前に十分な審査を受けることになります。

　上場審査には，形式基準と実質基準という2つの基準があります。形式基準は，上場申請をするために最低限必要とされる要件であり，形式基準を満たしていないと実質基準の審査には進めません。実質基準は，形式基準をクリアした会社が上場会社としての適格性を有しているかどうか審査する際の基準です。

　東京証券取引所市場第一部，第二部（総称して「東証本則市場」といいます）と新興市場（JASDAQ市場・マザーズ市場等）について審査基準の水準を比較すると，東証本則市場上場の方が，新興市場上場よりも，形式基準においても実質基準においても厳しい内容となっています。

　したがって，東証本則市場上場を目指す会社は，新興市場上場を目指す会社に比べて，一般的に，より大きな企業規模とより整備された内部管理体制が必要です。

2．形式基準

　形式基準では，公正な株価の形成や株式の流通性の確保という観点から

第3章 株式上場制度の概要

上場株式数,株主数などについて,また,上場後も継続企業として適正な収益を上げ株主に還元できるかという観点から,純資産の額,利益の額などについて基準が規定されています。

形式基準は各市場によって異なりますが,以下にJASDAQ市場と東京証券取引所市場第二部の形式基準を示します。

相対的に証券取引所の形式基準の方が,より厳しい内容となっているのが理解できると思います。

★形式基準の比較

項目	JASDAQ市場（スタンダード）	東京証券取引所市場第二部
(1) 株主数又は株券等の分布状況	a．公募又は売出し株式数が1,000単位又は上場株式数の10％いずれか多い株式数以上 b．株主数 200人以上	800人以上
(2) 流通株式（注）	流通株式時価総額 5億円以上	a．流通株式数 4,000単位以上 b．流通株式時価総額 10億円以上 c．流通株式数（比率） 上場株券等の30％以上
(3) 時価総額	基準なし	20億円以上
(4) 事業継続年数	基準なし	新規上場申請日の直前事業年度の末日から起算して,3か年以前から取締役会を設置して,継続的に事業活動をしていること
(5) 純資産の額	2億円以上	連結純資産の額が10億円以上（かつ,単体純資産の額が負でないこと）

2．形式基準

(6)	利益の額又は時価総額	次のa又はbに適合すること a．最近1年間の利益の額が1億円以上であること b．時価総額が50億円以上	次のa又はbに適合すること a．最近2年間の利益の額の総額が5億円以上であること b．時価総額が500億円以上（最近1年間における売上高が100億円未満である場合を除く）
(7)	虚偽記載又は不適正意見等	a．「上場申請のための有価証券報告書」に添付される監査報告書（最近1年間を除く）において，「無限定適正」又は「除外事項を付した限定付適正」 b．「上場申請のための有価証券報告書」に添付される監査報告書等（最近1年間）において，「無限定適正」 c．上記監査報告書又は四半期レビュー報告書に係る財務諸表等が記載又は参照される有価証券報告書等に「虚偽記載」なし d．新規上場申請に係る株券等が国内の他の金融商品取引所に上場されている場合にあっては，次の(a)及び(b)に該当するものでないこと 　(a)　最近1年間の内部統制報告書に「評価結果を表明できない」旨の記載 　(b)　最近1年間の内部統制監査報告書に「意見の表明をしない」旨の記載	a．最近2年間の有価証券報告書等に「虚偽記載」なし b．最近2年間（最近1年間を除く）の財務諸表等の監査意見が「無限定適正」又は「除外事項を付した限定付適正」 c．最近1年間の財務諸表等の監査意見が原則として「無限定適正」 d．申請会社に係る株券等が国内の他の金融商品取引所に上場されている場合にはあっては，次の(a)及び(b)に該当するものでないこと 　(a)　最近1年間の内部統制報告書に「評価結果を表明できない」旨の記載 　(b)　最近1年間の内部統制監査報告書に「意見の表明をしない」旨の記載

第3章　株式上場制度の概要

(8)	単元株式数及び株券の種類	単元株式数が，100株となる見込みのあること 新規上場申請に係る株券等が，次のaからcのいずれかであること a．議決権付株式を1種類のみ発行している会社における当該議決権付株式 b．複数の種類の議決権付株式を発行している会社において，経済的利益を受ける権利の価額等が他のいずれかの種類の議決権付株式よりも高い種類の議決権付株式 c．無議決権株式	単元株式数が，100株となる見込みのあること 新規上場申請に係る株券等が，次のaからcのいずれかであること a．議決権付株式を1種類のみ発行している会社における当該議決権付株式 b．複数の種類の議決権付株式を発行している会社において，経済的利益を受ける権利の価額等が他のいずれかの種類の議決権付株式よりも高い種類の議決権付株式 c．無議決権株式
(9)	その他	株式事務代行機関の設置，株式の譲渡制限の廃止等	株式事務代行機関の設置，株式の譲渡制限の廃止等

（注）　上場申請にかかる有価証券のうち，大株主及び役員等の所有する有価証券並びに申請会社が保有する自己株式などその所有が固定的でほとんど流通可能性が認められない株式を除いた有価証券をいいます。具体的には直前の基準日等現在の発行済株式数から以下の者が所有する株式数を控除して算出します。①役員②10％以上を所有する株主③自社（自己株式）④特別利害関係者等（詳細は22頁参照）

3．実質基準

　実質基準は形式基準とは異なり，特定の数値としての基準は存在しません。実質基準では，企業経営の継続性，経営管理組織の整備・運用状況，企業内容の開示状況，特定利害関係者や関係会社との取引状況といった観点から，企業の実態が上場会社としてふさわしいか否かについて問われます。

　以下では，証券取引所上場における実質基準を説明します。

3．実質基準

★実質基準（東京証券取引所）

有価証券上場規程第207条	上場審査等に関するガイドラインⅡ2.～6.（要約）
1．企業の継続性及び収益性 継続的に事業を営み，かつ，安定的な収益基盤を有していること	(1) 事業計画が，そのビジネスモデル，事業環境，リスク要因等を踏まえて，適切に策定されていると認められること (2) 安定的に利益を計上することができる合理的な見込みがあること (3) 経営活動が，安定かつ継続的に遂行することができる状況にあること
2．企業経営の健全性 事業を公正かつ忠実に遂行していること	(1) 関連当事者その他の特定の者との間で，取引行為その他の経営活動を通じて不当に利益を供与又は享受していないこと (2) 役員の相互の親族関係，その構成，勤務実態又は他の会社等の役職員等との兼職の状況が，公正，忠実かつ十分な業務の執行又は有効な監査の実施を損なう状況でないこと (3) （申請会社が親会社等を有している場合）親会社等からの独立性を有する状況にあること
3．企業のコーポレート・ガバナンス及び内部管理体制の有効性 コーポレート・ガバナンス及び内部管理体制が適切に整備され，機能していること	(1) 役員の適正な職務の執行を確保するための体制が，適切に整備，運用されている状況にあること (2) 内部管理体制が適切に整備，運用されている状況にあること (3) 経営活動の安定かつ継続的な遂行及び適切な内部管理体制の維持のために必要な人員が確保されている状況にあること (4) 実態に即した会計処理基準を採用し，必要な会計組織が，適切に整備，運用されている状況にあること (5) 法令遵守の体制が適切に整備，運用され，重大な法令違反となるおそれのある行為を行っていない状況にあること

4．企業内容等の開示の適正性 企業内容等の開示を適正に行うことができる状況にあること	(1) 経営に重大な影響を与える事実等の会社情報を管理し，当該会社情報を適時，適切に開示することができる状況にあること及び内部者取引等の未然防止体制が適切に整備，運用されていること (2) 企業内容の開示に係る書類が法令等に準じて作成されており，かつ，投資者の投資判断に重要な影響を及ぼす可能性のある事項や，主要な事業活動の前提となる事項について適切に記載されていること (3) 関連当事者その他の特定の者との間の取引行為又は株式の所有割合の調整等により，企業グループの実態の開示を歪めていないこと (4) （申請会社が親会社等を有している場合）当該親会社等に関する事実等の会社情報を，投資者に対して適時，適切に開示できる状況にあること
5．その他公益又は投資者保護の観点から当取引所が必要と認める事項	(1) 株主の権利内容及びその行使の状況が公益又は投資者保護の観点で適当と認められること (2) 経営活動や業績に重大な影響を与える係争又は紛争等を抱えていないこと (3) その他公益又は投資者保護の観点から適当と認められること

4．上場後の会社情報開示（ディスクロージャー制度）

(1) ディスクロージャー制度の概要

　上場後の会社は，公正な価格形成と投資家保護を図るために，会社情報を積極的に開示する義務を負います。このように，上場会社が自社の経営に関する情報を投資情報として投資家に対して広く開示することをディスクロージャーといいます。

4．上場後の会社情報開示（ディスクロージャー制度）

ディスクロージャーには，会社法や金融商品取引法で定められた法定開示と，証券取引所の規則等に基づく開示の2種類があります。

（2） 会社法に基づく開示

会社法は，株主保護および債権者保護を図るために，以下のような開示制度を設けています。会社法に基づく開示は，未上場であっても当然に要求されるものですが，株式の流動性が高まり株主が分散する上場会社では，より一層遵守することが要請されます。

① 株主総会（決算報告等）
② 公告（決算公告，新株発行，合併その他の公告）

（3） 金融商品取引法に基づく主な開示

金融商品取引法は，公正な価格形成と投資家保護を図るために，以下のような開示制度を設けています。このうち，①は定期的な開示であり，②は臨時的な開示です。

① 有価証券報告書，内部統制報告書，四半期報告書…年度（四半期）ごとに作成・開示
② 臨時報告書…重要な事象が生じた都度，作成・開示

（4） 証券取引所の規則に基づく開示

各証券取引所では，投資情報の適時かつ迅速な開示を図るため，法定開示の他に，以下のような適時開示制度（タイムリー・ディスクロージャー制度）を設けています。

① **四半期開示**

上場会社は，各取引所の規程により，事業年度末における決算情報開示

（決算短信）だけでなく，各四半期（第1，第2，第3）においても四半期決算確定後直ちに四半期決算情報（四半期決算短信）を開示することが求められています。

② **会社情報適時開示**

上場会社は，各証券取引所の規則に定められた重要な会社情報が生じた場合には，その会社情報を適時に開示しなければなりません（詳細は34頁，35頁及び36頁参照）。

第4章　株式上場に関する法規制

1．上場前規制

　各証券取引所では，株式上場を利用した不正を防止するため，上場前の「第三者割当等による募集株式等の割当等」および「株式等の移動」について，一定の規制を設けています。

（1）　制限期間における第三者割当等による募集株式等の割当等

　「第三者割当等による募集株式等の割当等」を，上場申請日の直前決算期末の1年前の日の翌日から上場日の前日までの間（これを以下便宜上「制限期間」と呼びます）に行った場合には，その割当を受けた者は取得した株式を一定期間継続所有する義務を負い，上場申請会社はその内容を開示する義務を負います。

①　募集株式等の割当等

　募集株式等の割当等とは，会社法第199条第1項に規定する募集株式の割当および会社法第238条第1項に規定する募集新株予約権の割当（募集新株予約権の割当と同様の効果を有すると認められる自己新株予約権の割当を含みます。）をいいます。

　なお，新株予約権の行使，合併，上場時の公募増資等による株式の発行等は，規制の対象となる募集株式等の割当等には含まれません。

②　第三者割当等による募集株式等の割当等可能期間

　第三者割当等による募集株式等の割当等可能期間とは，上場規則上は，上場日の前日までをいいます。ただし，第三者割当等による募集株式等の

第4章　株式上場に関する法規制

規制の対象となるもの	規制の対象とならないもの
株主割当以外による ①　募集株式の割当等 ②　募集自己新株予約権の割当（ストックオプション（注）を除く） ③　株式割当以外の新株予約権付社債の発行	・株主割当 ・新株予約権の行使による株式の発行 ・合併による株式の発行 ・上場時の公募増資による株式の発行

（注）ストックオプションとは，上場規則上で定義されているストックオプションをいいます。ストックオプションについては，「募集株式等の割当等」とは別に規制が設けられています（下記（2）参照）。

割当等は上場審査の対象となっているため，上場承認日以後の第三者割当等による募集株式等の割当等は実質的に行うことができません。したがって，実質的な第三者割当等による募集株式等の割当等可能期間は，上場承認日の前日までとなります。

第三者割当等による募集株式等の割当等を制限期間内に行った場合には，継続所有義務（下記③）及び開示義務（下記④）が生じます。

なお，手続としては，当該申請会社及び割当を受けた者の二者が，書面により当該募集株式の継続所有，譲渡時及び取引所から当該所有状況に係る照会時の取引所への報告並びに当該書面及び報告内容の公衆縦覧その他取引所が必要と認める事項について確約を行うものとし，当該書面を取引所に提出することになります。

（注）実質的に発行不可

③ 継続所有義務

制限期間内に第三者割当等による募集株式等の割当等によって株式等を取得した者は，割当日から上場日以後6ヶ月を経過する日まで（割当からの継続所有期間が1年未満の場合には1年を経過する日まで）は，当該株式等を継続所有する義務を負います。

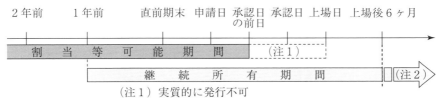

(注1) 実質的に発行不可
(注2) 継続所有期間が1年に満たない場合には1年になるまで

④ 開示義務

上場申請日の直前決算期末の2年前の翌日から上場日の前日までの間に第三者割当等による募集株式等の割当等を行った場合には，上場申請会社は「上場申請のための有価証券報告書」（Ⅰの部）に以下の内容を開示する必要があります。

・取得者の氏名又は名称
・取得者の住所（個人は市区町村）
・取得者の職業及び事業の内容等
・割当株数
・価格（注書きで算定根拠）
・取得者と提出会社の関係

（2） 上場前のストックオプションに関する規制

上場規則上の「ストックオプション」に該当する新株予約権については，

第4章　株式上場に関する法規制

上記（1）の第三者割当等による募集株式等の割当等とは別に，継続所有義務および開示義務が規定されています。

①　上場規則上のストックオプション

一般的にストックオプションとは，有利発行された新株予約権と広く定義されています。しかし，ここにいうストックオプションとは，「上場規則上で定義されたストックオプション」をいいます。

具体的には次のような要件を満たす新株予約権をいいます。

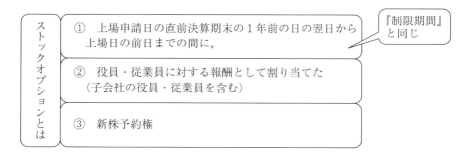

②　ストックオプションの継続所有義務

ストックオプションの取得者は，当該ストックオプションを権利行使する日まで継続所有する義務を負います（すなわち，行使せずに譲渡することができません）。

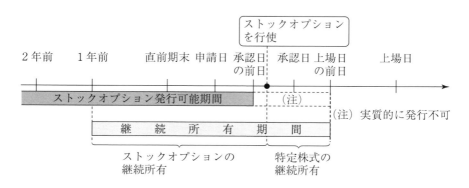

1. 上場前規制

◆第三者割当等による募集新株予約権（ストックオプションを含む）の継続所有義務のまとめ

新株予約権の発行時期		行使時期	継続所有義務
(A) フリー期間		制限なし	なし
(B) 制限期間	ストックオプションに該当	制限なし	・行使するまで継続所有する義務がある（行使せずに譲渡はできない）。 ・なお，行使した場合には，行使により取得した株式（特定株式）を上場日の前日まで継続所有する義務がある（注1）。
	その他の第三者割当等による募集新株予約権（ストックオプション以外）	制限なし	・上場後6ヶ月経過するまで（取得から1年未満の場合には1年を経過する日まで）継続所有する義務がある。 ・なお，継続所有期間内に権利行使した場合には，行使によって取得した株式を引き続き継続所有する義務がある（注2）。
(C) 上場承認日から上場日前日まで		制限なし	実質的に発行できない ※第三者割当等による募集新株予約権の発行が上場審査の対象となっているため。

(注1) 制限期間に発行されたストックオプションを行使して取得した株式は，上場時に売出しすることができます（その他の第三者割当等による募集新株予約権の場合にはできません）。

(注2) 継続所有期間の延長はありません。上場後6ヶ月経過するまで（新株予約権を取得した時から起算して1年未満の場合には，1年を経過する日まで）が行使によって取得した株式の継続所有期間となります。

また，当該ストックオプションを権利行使した場合には，行使によって取得した株式（これを「特定株式」といいます）を，上場日の前日まで継続所有する義務を負います（上場日には売却可能となります）。

③ **開示義務**

ストックオプションを発行した場合には，申請会社は「上場申請のための有価証券報告書」（Ⅰの部）において，その発行内容を記載する必要があります。

(3) 上場前の株式等の移動に関する規制

特別利害関係者等が，上場申請日の直前決算期末の２年前の日の翌日から上場日の前日までの間に，株式等の移動（譲渡または譲受け）を行っている場合には，移動内容を「上場申請のための有価証券報告書」（Ⅰの部）に記載し開示する必要があります。

① **特別利害関係者等**

特別利害関係者等とは，以下のような者をいいます。

- 申請会社の役員（役員持株会を含む）とその配偶者・二親等内の血族（以下，「役員等」）
- 申請会社の役員等により議決権の100分の50超が所有されている会社並びに関係会社およびその役員
- 申請会社の人的関係会社(注)とその役員

  (注) 人的関係会社とは，人事，資金，技術，取引等の関係を通じて，申請会社が他の会社を実質的に支配している会社，または申請会社を支配している会社をいいます。

- 申請会社の資本的関係会社(注)とその役員

  (注) 資本的関係会社とは，申請会社が議決権の100分の20以上を実質的に支配している会社，または申請会社の議決権の100分の20以上を実質的に支配して

いる会社をいいます。
- 申請会社の大株主上位10名（申請会社の従業員持株会を除く）
- 証券会社並びにその役員，人的関係会社および資本的関係会社

② **株式等の移動**

株式等の移動とは，以下のものをいいます。
- 株式の譲渡または譲受け
- 新株予約権の譲渡または譲受け
- 新株予約権の行使

③ **開示対象期間**

開示対象期間は，上場申請日の直前決算期末の2年前の日の翌日から上場日の前日までの間です。この期間内に株式等の移動を行った場合には，開示を行う必要があります。

④ **開示内容**

以下の内容を「上場申請のための有価証券報告書」（Ⅰの部）に記載し開示する必要があります。
- 移動年月日
- 移動前所有者の氏名または名称，住所（個人は市区町村），申請会社との関係等
- 移動後所有者の氏名または名称，住所（個人は市区町村），申請会社との関係等
- 移動株数，価格（注書きで算定根拠）
- 移動理由

2．上場後に適用される法規制

(1) 取締役の義務と責任

会社法には，以下のような取締役の義務および責任が規定されています。この義務および責任は，上場前においても当然に遵守する必要がありますが，上場後は社会的責任の増大に伴って，より一層の遵守が求められます。

① 善管注意義務

善良な管理者の注意をもってその職務を行う義務をいいます。

② 忠実義務

会社のために忠実にその職務を遂行する義務をいいます。

③ 競業避止義務

取締役が，会社の営業取引と同様の営業取引を，自己または第三者のために行う場合には，会社の利益を犠牲にして自己または第三者の利益を図るおそれがあるため，取締役会の承認が必要とされています。

④ 会社との利益相反取引の規制

取締役が自己または第三者のために会社と取引をする場合には，会社と取締役との間で利害が対立し，会社の利益が害されるおそれがあるため，取締役会の承認が必要とされています。

⑤ 取締役の会社に対する損害賠償責任

取締役は，以下のような行為により会社に損害を与えた場合には，会社に対して弁済または賠償する責任を負います。

・違法な配当の議案の提出

・株主権の行使に関する利益供与

・他の取締役への金銭貸付

・自己取引（利益相反取引）

・法令，定款違反行為

⑥ 取締役の第三者に対する損害賠償責任

取締役は，職務を行うにつき過失または重大な過失により第三者に損害を与えた場合には，第三者に対して賠償の責任を負います。

⑦ 株主の代表訴訟

6ヶ月前より引き続き株式を所有する株主は，会社に対し書面をもって取締役の責任を追及する訴え（株主代表訴訟）を請求することができます。

⑧ 親会社の株主による子会社の取締役等への代表訴訟

従来は，上記⑦の通り会社の株主のみが当該会社の取締役等に対し，責任追及等の訴えの提起を行うことができましたが，平成27年5月1日より当該会社の親会社の株主（注）も当該会社（子会社）の取締役等に対し，責任追及等の訴えの提起を行うことができるようになりました（多重代表訴訟）。

（注） 6ヶ月前から親会社の議決権等の1％以上を保有していること，親会社及び子会社は株式会社であることが必要です。

(2) インサイダー取引規制

① インサイダー取引

インサイダー取引とは，会社の重要な情報に容易に接することができる会社役職員，大株主，取引先等の会社関係者が，その特別な立場を利用して会社の重要な情報を知り，その情報が一般の人々に公表される前に当該会社の株式等を売買する不公正な取引をいいます。

インサイダー取引は，一般の投資家と比べて有利に取引を行うことができるため極めて不公平であり，また，証券市場の健全性，公平性を損なうおそれがあるため，金融商品取引法で厳しく規制されています。

② インサイダー取引規制

　未だ公表(注)されていない会社の重要事実（いわゆる「インサイダー情報」）を自己の職務等に関して知り得た会社関係者，およびその会社関係者から当該重要事実の伝達を受けた者は，それが公表されるまでの間，会社の発行する株券等の取引を行うことを禁止されています。

　また，情報を外部に漏らす行為がインサイダー取引を誘発する危険性があることから，こうした情報伝達・取引推奨行為もインサイダー取引規制の対象になります。

　これに違反した場合，「重要事実公表後2週間の最高値×買付等数量」から「重要事実公表前に買付け等した株券等の価格×買付等数量」を控除する方法により算出された課徴金制度の対象となります。ただし，情報伝達・取引推奨行為については情報を受領しても実際に取引を行わなければ課徴金制度の対象にはなりません（行政処分，社内規定等の違反には該当することになりえます）。また罰則として，5年以下の懲役または500万円以下の罰金，あるいはその両方が科され，法人の場合は5億円以下の罰金，取得した財産は没収されます。

　また，公益または投資者保護のため必要と認めるときは，違反者の氏名等がインターネット等により公表されます。

　　(注)　「公表」とは，以下のいずれかに該当することをいいます。
　　　　・2つ以上の報道機関により重要事実が公開された時から12時間を経過すること
　　　　・証券取引所等において，重要事実が公衆の縦覧に供されたこと
　　　　・重要事実に係る事項の記載がある有価証券報告書等が公衆縦覧に供されたこと

1）インサイダー取引規制の対象者

　インサイダー取引規制の対象者は，会社関係者および会社関係者から当

該重要事実の伝達を受けた者です。さらに，重要事実を知った会社関係者は，会社関係者でなくなった後も１年間は同様の規制の対象となります。

情報伝達・取引推奨行為に関するインサイダー取引規制の対象者から第一次情報受領者(注)は除外されます。

　(注)　第一次情報受領者とは，会社関係者から重要事実の情報を受けた者をいいます。

具体的に，会社関係者とは以下の者をいいます。
・会社（親会社および子会社を含む）の役員，代理人，使用人その他従事者
・帳簿閲覧権を有する株主
・会社に対して法令に基づく権限を有する者
・当該上場会社等と契約を締結している者または締結の交渉をしている者

２）　インサイダー取引規制の対象となる有価証券
・株券（端株・単元未満株を含む）
・新株引受権証書
・新株予約権
・普通社債券または転換社債券
・新株予約権付社債等
・J-REITの投資証券

３）　重要事実（インサイダー情報）

インサイダー取引規制の対象となる重要事実（いわゆる「インサイダー情報」）とは，以下の㋑～㋔ような事実をいいます。

㋑　決定事項に関する重要事実

　　決定事項とは，増資減資，合併，新製品または新技術の企業化，業務

提携または業務提携の解消等を行うことを決定したこと，または，既に公表された決定に係る事項を行わないことを決定したことをいいます。

　㋺　発生事実に関する重要事実

　発生事実とは，災害による損害，業務遂行の過程で生じた損害，主要株主の異動，主要取引先との取引停止，債務免除等の事実が発生したことをいいます。

　㋩　売上高，経常利益，純利益の予測値に重要な差異が生じた事実

　㋥　上記㋑〜㋩以外で，会社の運営，業務または財産に関する重要な事実であって，投資者の投資判断に著しい影響を及ぼすもの

　㋭　子会社についての決定事項に関する重要事実

　㋬　子会社についての発生事実に関する重要事実

　㋣　子会社についての売上高，経常利益，純利益の予測値に重要な差異が生じた事実

　㋠　上記㋭〜㋣以外で，子会社の運営，業務または財産に関する重要な事実であって，投資者の投資判断に著しい影響を及ぼすもの

４）　インサイダー取引規制の対象とならない場合

以下のような場合には，インサイダー取引の禁止規制の対象とはなりません。

・新株予約権等の行使

・反対株主の買取請求権の行使等，法令上の義務に基づく取引

・公開買付等に対する防戦買い

・定時総会の決議に基づく自己株式の取得

・金融商品取引法に基づく安定操作のための売買取引

・普通社債の取引（破産，不渡りなどの情報に基づく場合を除く）

・会社関係者間または情報受領者間での相対取引

・重要事実を知る前に締結された契約または決定された計画その他特別の事情に基づく取引

③ 役員，主要株主の売買報告義務等

上場会社の役員，主要株主に対しては，以下のような売買報告義務および短期売買益の返還義務があります。

〔売買報告義務〕

上場会社の役員，主要株主が上記の株券等を，自己の計算で売買した場合には，翌月15日までに内閣総理大臣（金融庁長官）に報告書を提出しなければなりません。

〔短期売買益の返還義務〕

上場会社の役員，主要株主が上記の株券等を，自己の計算で買付け（売付け）した後6ヶ月以内に売付け（買付け）して利益を得たときは，会社または株主から請求を受け，その利益を会社に返還しなければなりません。

1) 売買報告義務の対象者

・役員（取締役，監査役・執行役等）
・主要株主（自己の計算で発行済株式の10％以上を有する者）

2) 売買報告義務の対象となる有価証券

・株券（端株・単元未満株を除く）
・新株予約権
・普通社債券または転換社債券
・新株予約権付社債等

3) 売買報告義務の対象とならない場合

以下の場合には，売買報告義務の対象とはされません。

・端株，単元未満株のみの売買取引

- 持株会・累積投資制度を通じた1回当たり100万円未満の買付け（一定の計画に従い，個別の投資判断に基づかず，継続的に行われる場合）
- 株価指数先物取引
- 金融商品取引法に基づく安定操作のための売買取引
- 役員または主要株主が社債（転換社債型新株予約権付社債を除く）の売り現先を行う場合
- 役員によるストックオプションの取得またはその権利行使に基づく株券の取得

（3） 大量保有に関するルール（5％ルール）

① 5％ルールの概要

上場株式等の株券等の5％超を保有することとなった者は，5営業日以内に「大量保有報告書」を内閣総理大臣に提出し，写しを証券取引所（または証券業協会）に送付しなければなりません。

したがって，上場日において5％超の株式等を保有する者も同様に，上場日から5営業日以内に「大量保有報告書」の提出等を行う必要があります。

② 5％ルールの趣旨

経営権獲得，取引関係の強化，高値による売抜けなどを目的とした株式の買占めなどがあった場合には，株価の乱高下が生じることが多く，これらの情報を有していない投資家に不測の損害を与えるおそれがあるため，一定比率以上の上場株式等を有する者に報告書の提出を義務づけています。

③ 大量保有基準

上場株式等の株券等の5％超を保有する際に，「大量保有報告書」を提出する必要があります。なお，保有する株券等には，新株予約権などの潜

在株式を含みます。

$$\text{株券等の保有割合} = \frac{\text{保有者分および共同保有者分の株式数並びに潜在株式数}}{\text{発行済株式数}+\text{保有者分および共同保有者分の潜在株式数}} > 5\%$$

（注）　共同保有者とは，株券等の取得・処分や議決権の行使等について共同して行うことに合意して共同で株券等を保有している者をいいます。

④　**5％ルールの報告義務者**

実質保有者または共同保有者に報告義務があります。なお，共同保有者には，共同保有者夫婦，親子会社，兄弟会社といったみなし共同保有者が含まれます。

⑤　**対象有価証券**

取引所に上場している法人が発行する以下の有価証券が5％ルールの対象となります。

(イ)　株券（議決権のない株式を除く，端株・単元未満株を含む）

(ロ)　新株予約権証券および新株予約権付社債券

(ハ)　投資証券等

(ニ)　有価証券信託受益証券で，受託証券内容が上記(イ)〜(ニ)の有価証券であるもの

(ホ)　外国法人の発行するそれらの性質を有するもの

⑥　**変更報告書の提出**

「大量保有報告書」提出後に，保有割合の1％以上の変動その他大量保有報告書に記載すべき重要な事項の変更があった場合には，「変更報告書」を提出する必要があります。

⑦　**短期大量譲渡の報告（高値肩代りの開示）**

短期間（60日間）に大量（株券保有割合の5％超，かつ，自己の保有株券等の過半数）の株券等を譲渡した場合の「変更報告書」には，譲渡の相

手先名および譲渡の相手先ごとの譲渡価格の記載も必要となります。

⑧ **大量保有報告制度等の見直し（平成27年5月施行）**

(イ) 上場会社が自社株式を取得・処分する場合には，大量保有報告書の提出が不要になりました（大量保有報告制度の対象となる株式から自己株式を除外）。

(ロ) 変更報告書の同時提出義務が廃止されました。
（改正前は大量保有報告書の提出日の前日までにさらに変更報告書の提出が必要となった場合には，大量保有報告書と変更報告書を大量保有報告書の提出期限までに同時に提出する必要がありました。）

(ハ) 短期大量譲渡報告の記載事項のうち僅少な株式等の譲渡先に関する記載が除外され，対価に関する事項のみの記載になりました。

(ニ) EDINET（電子開示）を通じて大量保有報告書および変更報告書が提出された場合には，株式の発行者への写しの送付が免除されました。

（4） 第三者割当（第三者割当増資等及び第三者割当による自己株式の処分）に対する特別ルール

大量の第三者割当増資等により既存株主の利益が損なわれることを防止するため，平成21年8月24日より東京証券取引所は以下のルールを施行しました。

① **上場廃止基準の整備**

(イ) 上場会社が希釈化率(注1)300％を超える第三者割当を行った場合，株主投資者の利益を侵害するおそれが少ないと取引所が認める場合を除き，上場廃止基準に該当することになります。

(ロ) 第三者割当により支配株主が異動した場合，支配株主が異動した事

業年度の末日の翌日から起算して3年を経過する日までの期間に支配株主との取引に関する健全性が著しく毀損されていると取引所が認めるときは，上場廃止基準に該当することになります。

② **企業行動規範の新設**(注2)

上場会社が第三者割当を行う場合で，希釈化率が25％以上となるとき，又は，支配株主が異動するときは，緊急性が極めて高いと取引所が認める場合を除いて，株主の納得性を増すため，aまたはbの手続きを経ることを企業行動規範の「遵守すべき事項」として規定すべきことになりました。

a 経営陣から一定程度独立した者による第三者割当の必要性及び相当性に関する意見の入手
b 株主総会などの株主の意思確認

③ **適時開示に関する規定の新設**(注2)

上場会社が第三者割当を行う場合には，以下の事項について適時開示が求められることになりました。

a 割当先の払込みに要する財産の存在について確認した内容
b 払込金額の算定根拠およびその具体的な内容（取引所が必要と認める場合は，払込金額が特に有利でないことに係る適法性に関する監査役または監査委員会の意見等を含みます）
c 上記②a，bいずれかの手続きを行うときはその内容（緊急性が極めて高いと取引所が認めた場合はその理由）
d その他取引所が投資判断上重要と認める事項

④ **確認書の提出**

上場会社が第三者割当を行う場合は，割当先が反社会勢力との関係がないことを示す確認書を作成後直ちに提出することになりました。

(注1)　希釈化率＝$\dfrac{\text{第三者割当による発行株式等に係る議決権の数}}{\text{第三者割当前の発行済株式に係る議決権の数}}$

(注2)　違反した場合には，改善報告書の提出，特設注意市場銘柄への指定，ペナルティー的観点からの公表措置，上場契約違約金の対象となります。

(5) 公開会社における支配株主の移動を伴う募集株式等の発行

改正前の会社法では公開会社が第三者割当増資を行う場合，有利発行を除き，発行可能株式総数の範囲内で，取締役会により募集事項の決定及び割当を行うことが可能でした。

平成26年会社法改正により，公開会社が「ある特定の株式引受人が募集株式等の発行により総株主の過半数を有することとなる第三者割当増資等」を行う場合には，事前に当該引受人に関する一定の情報を開示しなければならないものとされました。

この場合において，総株主の議決権の10％以上を有する株主が反対した場合には，株主総会の普通決議による承認を受けなければならないことになりました。

(6) 会社情報の開示義務（ディスクロージャー制度）

① 上場会社のディスクロージャー

上場会社は，会社法や金融商品取引法，証券取引所の規則に基づいて，様々な会社情報をディスクローズ（開示）する義務を負っています。

② 会社情報の適時開示

会社情報の適時開示とは，各証券取引所の規則に定められた重要な会社情報が生じた場合に，上場会社はその会社情報を投資者に対して適時，正確，かつ公平に開示しなければならないというもので，公正な価格形成と投資家保護を図るために，各証券取引所が上場会社に求めています。

実務上は，証券取引所が発行している「会社情報適時開示の手引き」を

2．上場後に適用される法規制

参照し，会社情報を投資者に対して適時，適切に開示することが必要です。
　なお，上場会社は，重要な会社情報の社内管理や適時開示を行うために，情報取扱責任者または情報開示役員を置かなければならないことになっています。

③　適時開示すべき情報

　開示すべき情報は，各証券取引所の規則に定められています。以下では，東京証券取引所の適時開示情報を例として示しています。

◆東京証券取引所の適時開示（主要なもの）

決定事項に関する情報	発生事項に関する情報	決算に関する情報
1．株式，新株予約権等の発行 2．資本の減少 3．自己株式の取得 4．株式の分割または併合 5．剰余金の配当 6．合併・株式交換・株式移転 7．事業の全部または一部の譲渡または譲受け 8．解散 9．新製品または新技術の企業化 10．業務上の提携または業務上の提携の解消 11．子会社の異動を伴う株式または持分の譲渡または取得 12．固定資産の譲渡もしくは取得またはリー	1．災害または業務に起因する損害 2．主要株主または主要株主である筆頭株主の異動 3．上場廃止の原因となる事実 4．訴訟の提起または判決等 5．仮処分命令の申立てまたは決定等 6．行政庁による法令に基づく処分または行政庁による法令違反に係る告発 7．親会社の異動または上場会社が他の会社の関連会社である場合における当該他の会社の異動 8．破産，更生手続開始，再生手続開始または企	1．決算内容 2．業績予想の修正等 3．配当予想の修正等

スによる固定資産の賃貸借 13. 事業の全部または一部の休止または廃止 14. 上場廃止の申請 15. 破産手続開始，再生手続開始または更生手続開始の申立て 16. 新たな事業の開始 17. 公開買付け（自己株式の公開買付け）または公開買付けに関する意見表明等 18. ストックオプションの付与 19. 代表者の異動 20. 合理化等による人員の削減 21. 商号の変更 22. 決算期変更 23. 単元株式数の変更または単元株式数の定めの廃止もしくは新設 24. その他会社の運営，業務，財産または上場有価証券に関する重要な事項	業担保権の実行の申立てまたは通告 9．手形等の不渡りまたは手形交換所による取引停止処分 10. 親会社または子会社に係る破産手続開始等 11. 債権の取立不能または取立遅延 12. 主要取引先との取引停止 13. 債務免除等の金融支援 14. 資源の発見 15. 子会社に係る決定事項または発生事項 16. その他会社の運営，業務，財産または上場有価証券に関する重要な事実

2．上場後に適用される法規制

◆株式上場後のディスクロージャー制度のまとめ

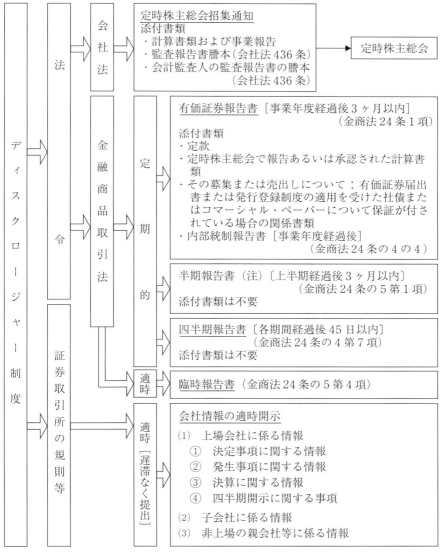

（注）　平成20年4月1日開始事業年度より上場会社は半期報告書にかえて四半期報告書を提出

第5章　株式上場までに準備すべき事項

1．上場準備を開始する前に実施すべき事項

(1)　株式上場についての理解

　会社が一定の規模に達すると，あるいは会社の規模に関係なく会社の事業に成長性が見込まれる場合には，「そろそろ株式上場でも」という話があちこちから舞い込むようになります。

　その際，株式上場のメリット・デメリットや株式上場制度について正しい理解をせずに，まわりの雰囲気に流されて上場準備を開始すると，後日「こんなはずではなかった」と後悔することにもなりかねません。

　したがって，上場準備を始める前に，最低限の知識を備えておくことが必要です。

(2)　株式上場目的の明確化

　株式上場の目的としては，資金調達，知名度・信用力の向上，優秀な従業員の確保，従業員のモチベーションの向上，創業者利潤の獲得，上場準備活動を利用しての経営管理体制の整備など様々なものが考えられます。

　これらの目的のうち，どれに優先順位を置くかによって，株式上場の時期あるいは株式上場を進める際の基本戦略・手順が異なってきます。したがって，株式上場の目的として何を重視するのかを上場準備を始める前にまず明確にしておく必要があります。

（3） 株式上場の時期の決定

株式上場の時期は，以下の諸要素を勘案して決定します。

・資金ニーズ

今後の経営戦略，事業計画を明確にした上で，株式上場によって資金調達が必要な時期および必要金額を見積もります。具体的な計画は，「資本政策」として立案されることになります。

・業績見通し

上場時の株価を高くし，資金調達をより有利に行うためには，業績がカーブを描いて上昇すると見込まれる時期に上場するのが望ましいと言えます。したがって，業績見通しを事業計画の中で明確にし，その業績見通しを勘案して上場時期を決定します。

また予定している上場市場において，利益，純資産，時価総額などの業績に関係する上場基準がある場合は，その基準のクリアが必須であることは言うまでもありません。

・形式基準の充足

株式上場の審査においては，充足していなければ門前払いとなってしまう形式基準がいくつか存在します。形式基準には，株式あるいは株主に関する事項が多いため，主に資本政策を策定する過程で検討します。また，形式基準は，上場市場によってそれぞれ異なっているため，上場する市場を睨みながら検討を進めます。

・同業他社の動向

株式上場は，最も有効な企業差別化戦略の１つです。すなわち，同業他社に先駆けて上場を果たすことにより資金調達力，知名度等の点で非常に優位な立場に立つことが可能となります。したがって，同業他社の株式上場の状況，上場準備の進捗状況等も勘案して，上場時期を決定する必要が

第5章 株式上場までに準備すべき事項

あります。

・経営管理体制の整備・運用

　経営管理体制の整備・運用は，株式上場審査において，最も重要な審査項目の1つとされています。したがって，上場会社にふさわしい経営管理体制を整備・運用するために必要な期間を見積もり，他の要因をもとに設定した上場時期が実現可能かどうか検証する必要があります。

　経営管理体制の整備に必要な期間は，現時点での経営管理体制の整備の程度，会社規模，事業内容等により異なってきますが，一般的には，整備に1年から2年，運用に1年必要だと言われています。

　なお，基本的な考え方としては，まず，上場審査上必要かどうかという観点ではなく，会社の経営上必要な管理体制を整備するというスタンスに立って，費用対効果を考慮した上で，あるべき管理体制案を作成します。次に，当該経営管理体制で会社の継続性が損なわれるリスクがないか，正確なタイムリー・ディスクロージャーが可能かどうかといった上場審査上の観点から検証していくこととなります。

　とはいっても，どの程度の経営管理体制ならば株式上場審査をクリアできるか，その具体的判断はかなり難しい問題です。必要に応じて，主幹事証券会社，監査法人，上場コンサルタント等のアドバイスあるいはコンサルティングを受けることとなります。

（4）　株式上場市場の決定

　株式を上場させる市場には多数の選択肢があります。それらの中から，前述（2）の株式上場の目的を充足するかどうか，（3）で設定した上場時期の実現は可能かどうか，上場の基準を満たすことができるかどうかなどのポイントを検討して最適な上場市場を選択することになります。

（5） 上場準備室の設置

上場準備のためには，全社的な協力が必要です。したがって，各部門から，当該部門の業務に詳しく，調整能力があり，かつ事務処理能力の高いキーパースンを集め，上場準備のためのプロジェクトチームを結成します。

（6） 株式上場プランの作成

株式上場のために今後実施すべき事項を洗い出し，上場に至るまでのプランを作成します。会社の実態を勘案して実施しなければならない項目をピックアップし，項目ごとに担当者および責任者を決定する必要があります。

（7） 外部パートナーの選定

以下のような株式上場準備をサポートしてくれる外部のパートナーを選定する必要があります。

① 主幹事証券会社
② 監査法人（公認会計士）
③ 上場コンサルタント
④ 株式事務代行機関（信託銀行など）
⑤ ベンチャーキャピタル
⑥ 弁護士法人（弁護士）
⑦ 税理士法人（税理士）
⑧ 社会保険労務士法人（社会保険労務士）
⑨ IRコンサルティング会社

(8) 資本政策の立案

資本政策とは，未上場会社が株式上場に至るまでの様々な課題，資金調達，経営権の確保，事業承継，上場基準などをクリアするために作成する計画をいいます。

資本政策の立案にあたっては，株式上場規則上や法律上の様々な制約がありますので，外部のパートナーのアドバイスが必須となります。

2．上場直前々々期もしくは上場直前々期に実施すべき事項

(1) 資本政策関係

策定された資本政策に従って，増資，株式移動，新株予約権の付与などを行います。株式上場時に売出しを行う株式は，株主割当の場合を除き上場直前々期末までに発行しておく必要があります(注)。

(注) 上場申請日の直前決算期末の1年前の日の翌日から上場日の前日までの間(「制限期間」)に第三者割当等によって発行された株式は，少なくとも上場日以後6ヶ月を経過する日(当該日において割当株式に係る払込期日または払込期間の最終日以後1年間を経過していない場合には，割当株式に係る払込期日又は払込期間の最終日以後1年間を経過する日)まで継続所有する義務があります。したがって，上場時に売出しする株式を第三者割当増資によって発行する場合には，遅くとも上場直前々期末までに発行する必要があります(詳しくは第4章をご参照ください)。

(2) 金融商品取引法に基づく会計制度の構築

日本の会計制度は，実務上は「税務会計」，「会社法会計」，「金融商品取引法会計」の3つに大きく分類されます。このうち，一般的に未上場会社で実施されているのは，「税務会計」と呼ばれる税務申告に対応することを目的とした簡便的な会計制度です。

これに対し，上場会社では，「金融商品取引法会計」およびそれと同レ

ベルにある「会社法会計」に基づく会計処理が要求され、監査法人等による監査も、当然に「金融商品取引法会計」に基づいて作成された財務諸表に対して行われます。

「金融商品取引法会計」では、財務諸表等規則その他の会計基準に基づき、個々の会計処理について、細かな専門的知識を要求されます。また、「連結財務諸表」、「税効果会計」、「金融商品会計」、「退職給付会計」等の特別な論点の知識も必要となります。そのため、会計に関する知識その他のレベルアップを図り、金融商品取引法に基づく会計制度を構築する必要があります。

(3) 経営管理体制の整備・運用

経営管理体制の整備は、原則として上場直前々期末までに完了させ、上場直前期は運用実績を作る必要があります。なお、整備・運用の時期、期間および程度は会社の置かれた状況によって異なりますので個々の会社ごとに検討が必要です。

経営管理体制として整備すべき主な項目は以下の通りです。

① 取締役会を中心としたトップマネジメント機構の整備

取締役会は会社法上、3ヶ月に1回以上の開催が求められていますが、上場審査上は毎月の開催が要求されます。これは、月次の予算管理上必要であるのと、取締役会が実質的に機能するためには、少なくとも月1回は開催する必要があるとの判断から求められているものです。また当然のことながら、会社法に定められている取締役会決議事項が決議されているかどうか、議事録が作成されているか等も重要な審査項目です。

なお、取締役会に関する事項に限らず、法律で定められた事項は、厳格に遵守していなければ上場審査には耐えられません。

② タイムリー・ディスクロージャーを実現するための会計制度の整備

上場会社の会計制度では，年度あるいは四半期のディスクロージャーが正確かつタイムリーに行われるだけでなく，期の途中でも業績に大きな変更があった場合にはタイムリーにディスクローズできるような月次決算制度の構築が要求されます。

③ 会計制度をベースとした予算管理制度（利益管理制度）の構築

向こう3年間の中期経営計画およびそれをより詳細にブレークダウンした年度予算および予算達成の行動計画の作成が必要です。また，予算管理制度は，月次決算で把握された実績と予算が比較分析され，分析結果が取締役会に報告されるとともに具体的に対応策が実施されるというような管理の仕組みとして構築されることが必要です。さらに予算管理を有効に機能させるために，予算を部門別，製品（群）別等のより詳細な管理単位にブレークダウンする必要があります。

④ 販売，購買，在庫，生産，財務等の業務管理制度の構築

ディスクローズする会計数値は，すべて販売，購買，在庫，生産，財務等の業務活動の結果です。したがって，正確かつタイムリーなディスクロージャーができるかどうかは，それらの業務の内部統制を含めた管理レベルに大きく依存します。

さらに，例えば，セブンイレブンにおけるPOSシステムによる単品管理のように，業務管理制度が他社に対する差別化の決定的な要因になることもあります。

このように業務管理制度の整備は会計制度と並んで，場合によってはそれ以上に上場審査上重要な事項といえます。

⑤ 内部監査

内部監査とは，会社で定められている規程，マニュアル等のルールが実

際に遵守されているかを確認する手続きであり，上場審査上，会社の組織的経営を担保するものとして非常に重要な位置付けにあります。直前々期においては内部監査の担当部門，担当者，手続き，ルールの決定等の準備が終了していることが必要です。

⑥ **経営管理制度を運用するために必要な人材の確保と組織の整備**

上記のような経営管理制度を運用するためには，当然のことながら「人材」が必要です。上場準備会社では人材不足となるのが一般的であり，ディスクロージャーに対応できる経理の人員，IR担当，経営企画担当その他の人材を獲得し，内部統制組織を整備する必要があります。

⑦ **規程・マニュアルの整備**

規程・マニュアルは，定められたルールを組織の末端まで浸透させるため，また，証券取引所あるいは証券会社の審査部門への開示資料として作成が必須です。

定款，取締役会規程に始まって，作成あるいは改定すべき規程は，20から30程度あり，また必要に応じてマニュアルなども作成することとなりますので，遅くとも直前々期首から計画的に整備を進めることが必要です。

⑧ **情報システムの整備**

会計制度，予算管理制度，業務管理制度は，通常手作業で構築することは困難であり，スピード，精度，効率性の観点から，情報システムの構築が必要となるケースがほとんどです。情報システムを導入する場合は，直前々期までに整備が終了し，直前1年間は安定稼動している必要がありますので，会計システムの場合でも遅くとも直前々期首には構築プロジェクトに着手しておく必要があります。また，整備に時間のかかる生産管理システム等の業務管理システムですとさらにその1年前から2年前に着手しておく必要があります。

（4） 上場申請書類関係

作成すべき上場申請書類は，上場市場によって若干異なりますが，いわゆる「Ⅱの部」という会社の事業内容，事業計画，業績数値等の内容を詳細に記載した上場申請書類の作成は，想像以上に時間と手間のかかるものです。そのため，上場直前々期の早い時期から作成し始める必要があります。

（5） 会計監査

株式上場のためには，一定期間（1年間から3年間）監査法人の監査を受けて会社の財務諸表が適正である旨の監査意見を表明してもらう必要があります。なお，求められる監査期間および監査意見は，上場市場によって異なります。

（6） 業績

上場予定市場で求められている業績基準（利益など）を達成する必要があります。

（7） 関係会社の整備

関係会社についての上場審査は，関係会社を利用した役員等の利得行為およびその可能性を排除することを主眼として行われます。特に取引関係の密接な関係会社については，基本的に合併あるいは100％子会社化が必要となります。上場直前々期には少なくとも関係会社整備のスケジュールが決定していることが必要ですし，直前期の業務負荷を極力減少させるという意味からは直前々期中に関係会社の整備を終了させることが望まれます。

(8) 役員，大株主等との取引の整備

会社と役員，大株主等との取引も，利得行為の有無という観点で審査されます。役員，大株主との取引がある場合には解消するか，ディスクローズに耐えられるものとすることが必要です。

3．上場直前期に実施すべき事項

(1) 資本政策関係

上場直前期においても策定された資本政策に従って，増資，株式移動，新株予約権の付与等を行います。ただし，上場直前期に第三者割当増資等によって発行された株式等については，上場日から6ヶ月を経過する日まで（発行から1年未満の場合には1年を経過する日まで）は継続保有する必要があります。

(2) 経営管理制度の運用

直前期においては，直前々期までに整備された経営管理制度について，実際に運用実績を作る必要があります。

① 取締役会を中心としたトップマネジメント機構の運用

最低限，月に1回予算実績差異分析が終了した時点で取締役会を開催し，また，会社法の定める取締役会決議事項は漏れなく取締役会に付議する必要があります。さらに，取締役会開催の都度，議事録を作成します。

② 会計制度および予算管理制度（利益管理制度）の運用

毎月の月次決算は，翌月初めの5営業日程度で終了し，7営業日程度で取締役会に予算実績差異分析結果を報告することが必要になります。

③ 販売，購買，在庫，生産，財務等の業務管理制度の運用

月次決算の早期化や精度向上の障害とならないようなレベルで業務管理

制度が運用されていることが必要です。

④ 内部監査

内部監査計画に基づき内部監査を実施し，内部監査の運用実績を作ります。

⑤ 規程・マニュアルの整備

整備が終了し，実際に運用されていることが必要です。

⑥ 情報システムの運用

情報システムの構築が終了し，安定稼動していることが必要です。

（3） 内部統制報告制度（J-SOX）

平成20年4月1日以降開始する事業年度から，有価証券報告書を提出する上場会社では経営者による内部統制の評価結果について監査を受けることが必要になりました。

上場準備会社については，上場審査において2期間分の財務諸表に関する監査証明は必要になるものの，平成27年6月現在においては内部統制報告書の提出および内部統制監査は求められていません。

しかし，上場後到来する最初の決算期から内部統制報告書の提出および同報告書に係る監査を受ける必要があり，上場準備の段階からJ-SOXへの対応を進めていかなければ，上場後最初の決算期までの間に対応が間に合わないことも十分に考えられます(注)。

> (注) 新規上場会社の負担軽減のため，一定規模以下の会社は新規上場後3年間は，内部統制報告書に対する公認会計士の監査について，免除を選択できるよう，平成26年5月に金融商品取引法の改正（平成27年5月施行）が行われています（企業規模の大きい一定の会社①資本金100億円以上又は②負債総額1,000億円以上を除く）。

（4） 上場申請書類関係

「Ⅰの部」及び「Ⅱの部」は，直前々期までのドラフトを完成させ，主幹事証券会社の審査あるいはチェックを受けている必要があります。

（5） 会計監査

引き続き監査法人による会計監査を受けます。監査意見は，無限定適正あるいは適正であることが必要です。また，監査法人からの指摘事項については，改善のめどが立っていることが必要です。

（6） 業績

直前期においても上場予定の市場で求められている業績基準（利益，純資産など）を達成する必要があります。さらに，上場時および上場後の株価を意識した場合，直前期から上場時，さらに将来にわたって業績が上昇カーブを描いていくことが望まれます。

（7） 関係会社の整備

関係会社の整備は完全に終了させます。

（8） 役員，大株主等との取引の整備

役員，大株主等との取引の整備を完全に終了させます。

4．上場申請までに実施すべき事項

（1） 資本政策関係

立案した資本政策に基づく増資，株式移動，新株予約権の付与等は，実質的に上場直前期末までに完了していると考えられます。なお，直前期中

または申請期中に株主割当以外の方法により発行された株式等については，上場日から6ヶ月を経過する日まで（発行から1年未満の場合には1年を経過する日まで）継続所有義務があるため譲渡できません。

（2） 上場申請書類関係

「Ⅰの部」及び「Ⅱの部」は，直前期まで含めてすべてを完成させます。「Ⅰの部」及び「Ⅱの部」以外の上場申請書類も申請までにすべて作成します。

（3） 会計監査

監査法人による会計監査は，継続して受けている必要があります。

（4） 業績

策定した申請期の月次予算と実額に大幅な乖離がないこと，特に実額が予算を下回らないことが要求されます。また，上場後の株価上昇のためには，業績が上昇基調であることが必要です。

（5） 定款変更

株式の譲渡制限の撤廃など定款変更の決議を株主総会の特別決議により行います。また，平成21年1月に上場会社の株券電子化が実施されました。このため，同月以降に新規上場する会社の株券は，上場の時点で存在しないことになるため，上場する前に株券を廃止する定款変更の手続きが必要になります。既に株券不発行制度を採用している会社は，当該手続きは不要です。

5．上場までに実施すべき事項

（1） 審査対応
　証券取引所の審査に対応します。

（2） 株式振替制度への移行
　平成21年1月に上場会社の株券電子化が実施されたことにより，新規上場会社は株主等に対して，株式振替制度を採用することを周知する必要があります。

（3） 公募・売出しのための有価証券届出書の作成
　上場時の公募・売出しのためには，有価証券届出書を作成し，財務大臣に提出することが必要です。有価証券届出書を利用して目論見書が作成され，募集または売出しの勧誘の際に使用され投資家に配布されます。

（4） 上場日の準備
　上場価格の決定，引受証券会社による株式の販売，および証券取引所による株主数等の上場基準充足の確認を経て，財務大臣の上場承認が行われると晴れて上場会社となります。

　上場日は，主幹事証券会社での挨拶や認証式，記者クラブでの会見，引受証券会社での会社説明会などが行われますので，その際に使用する会社案内，ファクトブック，会社紹介ビデオなども投資家を意識したものを事前に作成しておいた方がよいでしょう。

6．上場後実施すべき事項

（1） 積極的なディスクロージャー

金融商品取引法に定める有価証券報告書等の開示書類を定期的に作成・提出するだけでなく，投資家が自己の責任において投資するための判断基準となる重要な投資情報をタイムリーに開示することは上場会社の当然の義務です。

（2） インサイダー取引の防止

上場後は，役職員が自社や取引先の未公表の内部情報を使って株式売買を行った場合には，インサイダー取引として刑事罰の対象となりますので，十分な注意が必要です。

（3） IR（インベスター・リレーションズ）活動

上場後は，法令に定められているディスクロージャーを行うだけではなく，投資家との関係を円滑に維持していくための様々な活動（IR活動）を行う必要があります。IR活動を積極的に行うことにより，株式市場での円滑な資金調達，株価の維持などが可能となります。

6．上場後実施すべき事項

上場準備開始前	株式上場目的の明確化 / 株式上場時期の決定 / 株式上場市場の決定 / 上場準備室の設置 / 株式上場プランの作成 / 外部パートナーの選定 / 資本政策の立案
直前々々期から直前々期	Ⅰの部・Ⅱの部作成練習 / 経営管理体制の整備 / 会計監査適正意見 / 必要な業績の達成 / 関係会社整備スケジュール / 役員取引等整備スケジュール / 資本政策の実行
直前期	直前期を除いて申請書類作成 / 経営管理体制の運用 / 会計監査無限定適正意見 / 必要な業績の達成 / 関係会社整備実行 / 役員取引等整備実行 / 資本政策の実行
申請期	Ⅱの部他申請書類完成 → 申請 → 審査 → 有価証券届出書作成・財務大臣へ提出 → 上場価格の決定 → 引受証券会社の株式の販売 → 財務大臣の上場承認あるいは店頭有価証券原簿への登録

第6章　資本政策のポイント

1．資本政策とは

　資本政策とは，株式上場を目指す過程で，上場時においてどのような株主構成が望ましいのか，また，それまでの資金調達をどのようにしていくのか，という課題を，株式移動や第三者割当増資等の方法を用いて解決していくことをいいます。

　資本政策の立案は，経営権や資金調達という企業経営の根幹に関わるもので，上場準備作業における最重要事項の1つです。

　しかしながら，資本政策を立案するには，会社法，金融商品取引法，税法（法人税法・所得税法・相続税法等），独占禁止法，上場審査基準等の様々な規制を理解する必要があるため，上場準備会社の経営者等が資本政策を立案することは困難です。そこで，通常は監査法人や主幹事証券会社，ベンチャーキャピタル，上場コンサルタント等が経営者等へのヒアリングをもとに資本政策案を作成し，経営者等は提示された複数案を検討して，妥当なものを選択するというプロセスを踏むことが多いようです。

　そこで，この章では，ヒアリングや複数案の選択の際に，経営者等が最低限理解しておくべき資本政策の作成方法および留意点について説明いたします。

2．資本政策の作成方法

　まず，一般的な資本政策の立案手順について説明します。

2．資本政策の作成方法

① 基本方針の決定

何年後に，どの株式市場に上場するのか等の基本方針について決定する。この段階で，経営者は事業計画や資金計画，持株比率の考え方を整理する。

② 上場時の株価および発行済株式数の想定

(1) 既に上場している同業他社の株価収益率（PER）の調査

$$株価収益率（PER）＝\frac{株価}{1株当たり当期純利益（EPS）}$$

(2) 時価総額の算定

　　時価総額＝事業計画に基づく上場期予想当期純利益×（1）

(3) 上場時の株価または1株当たり利益（EPS）の設定

　　直近上場会社や同業上場他社の平均値等をもとに，上場時株価あるいは上場時EPSを目標値として設定する。

(4) 上場時発行済株式数の算定

　　上場時発行済株式数
　　＝（2）÷（3）上場時株価　　もしくは，
　　＝事業計画に基づく上場期予想当期純利益÷（3）上場時EPS

③ 公募および売出し株数の決定

資金調達額および株主構成を考慮して公募と売出しの比率を決定する。

④ 個別スキームの決定

資本政策を具体的に実行する各事業年度のスキーム（第三者割当増資，株主割当増資，株式移動，株式分割等）を決定する。

3．基本方針の設定における留意事項

基本方針は，経営者と監査法人，主幹事証券会社や上場コンサルタント等との話し合いで取り決められます。

◆基本方針

> ① **上場時期と上場市場**…何年後に上場するのか，また，東京証券取引所市場第一部，第二部，JASDAQ，マザーズ等，どの市場に上場するのか
> ② **資金調達額**…上場前および上場時に必要な資金調達額はいくらか
> ③ **上場時の株主構成**…上場時に維持すべき安定株主割合は何％か
> ④ **創業者利潤の獲得と事業承継**…オーナー経営者のキャピタル・ゲインと後継者への事業承継
> ⑤ **役員・従業員のインセンティブ・プラン**…ストックオプション，従業員持株会等
> ⑥ **関係会社の整備**…関係会社の整備を行うかどうか，行う場合その方法（合併，株式交換等）

以下では，各基本方針の設定にあたり留意すべき事項について説明します。

（1）上場時期と上場市場

株式上場をするには，上場審査基準である形式基準および実質基準をクリアする必要がありますが，形式基準および実質基準は上場市場ごとに異なっています。

3．基本方針の設定における留意事項

したがって，上場市場を決定するにあたっては，各上場市場の特徴と形式基準および実質基準の難易度を考慮して自社にとって最適な市場を選択する必要があります。また，各上場市場の形式基準および実質基準をクリアできる時期を上場時期として決定します。その際には，監査法人や主幹事証券会社等とよく相談する必要があります。

（2） 資金調達額

事業計画に基づき，上場前および上場時にどの程度の資金調達を行う必要があるのかを決定します。

上場前においては，必要資金の性格（運転資金か，設備資金か）および上場時の株主構成を考慮して，増資をするのか借入金で対応するのかを決定します。また，上場時においては，公募増資により資金調達を行うことになります。

（3） 上場時の株主構成

通常は，オーナー経営者が安定して経営権を行使できる株主構成を実現することを目標にします。その際，以下の2点に注意する必要があります。

① 安定株主の何％のシェアをもって経営権の安定と判断するのか

安定株主割合に対する考え方は経営者によって異なりますが，議決権の3分の2以上を所有していれば株主総会の特別決議を行うことができるため，3分の2以上のシェアを安定株主が所有することを目標にするのが一般的です。また同様に，株主総会の議決権を基準とするならば，普通決議の議決権である過半数のシェアや，特別決議の拒否権としての3分の1超のシェアも留意すべき安定株主割合となります。

資本政策の立案者に対して，安定株主割合に対する考え方を十分に示す

ことが重要です。

② 安定株主の範囲およびその持分割合

　安定株主の範囲についても，経営者の考えによることになります。

　一般的には，オーナーグループ（オーナーおよびその一族，財産保全会社，オーナー一族の役員の合計）で安定株主比率を検討するか，または，オーナーグループに役員，従業員持株会および取引のある金融機関を加えて持株比率を検討することが多いようです。これに関しても，資本政策の立案者に対して経営者の考えを十分に示すことが重要です。

　次に，個々の安定株主の持分割合については，以下の点に留意する必要があります。

- オーナー一族で経営に関与しない者に株式を所有させる場合には，将来それが同族間のトラブルを引き起こし会社内での内紛のタネになる可能性はないか
- 役員に不満が生じないようにするために，役員間の持株バランスを考えているか
- 現在の取引関係にとらわれず，将来の取引も見据えて金融機関への株式の割当を行っているか
- 相続税対策を行う場合，将来の相続人にどの程度株式を割り当てるか
- 資産管理会社を設立する必要はないか，さらに設立する場合どの程度のシェアが妥当か

（4） 創業者利潤の獲得と事業承継

　オーナー経営者等が株式上場時にどれだけの創業者利潤（キャピタル・ゲイン）を得るのかを決定します。

　一般的に，上場後に大量の株式を売却することは需給関係やインサイダ

3．基本方針の設定における留意事項

一取引規制などから困難です。オーナー経営者や創業者一族が創業者利潤を獲得するためには，株式上場時に所有株式を市場へ売却（これを「売出し」といいます）する必要があります。ただし，所有株式の売出しは，安定株主割合を低下させるため，安定株主割合を考慮しつつ，どれだけの創業者利潤を得るのかを決定する必要があります。

また，後継者がいる場合には，後継者にどれだけの持株比率を与えるのか決定する必要があります。後継者の持株比率は，株式上場前にある程度高めておく必要があります。これは，株式上場後に大量の株式を移動するには様々な制約があり，また，一般的に上場株式の相続税評価額は未上場時よりも高くなるため，相続税対策にもなるからです。なお，財産保全会社を活用して事業承継を行うことも考えられます。税理士等とよく相談した上で，資本政策の立案者に対して経営者の考えを示すことが必要です。

（5） 役員・従業員のインセンティブ・プラン

役員・従業員への福利厚生の一環として，ストックオプションや従業員持株会を利用することが考えられます。これらの制度は持株比率に影響を与えるため，あらかじめ基本方針として決定しておく必要があります。

ストックオプションや従業員持株会は，役員や従業員の志気を高めることができます。また，高額な給与を支払う代わりにストックオプションを用いることで上場に必要な優秀な人材を獲得することもできます。

（6） 関係会社の整備

株式上場に際しては，関係会社を利用した役員等の利得行為や決算操作の可能性を排除するために，関係会社を整備することが必要となります（詳しくは第7章をご参照ください）。

第6章　資本政策のポイント

　関係会社の整備を，合併や株式交換などのスキームを用いて行う場合には株式数や持株割合に変動が生じるので，資本政策の策定に際してはあらかじめ関係会社の存在意義を明らかにし，関係会社整備の方針を決定する必要があります。

4．上場時の株価および発行済株式数の想定における留意事項

(1)　直前期利益・上場時株価に関する上場基準

　上場直前期の利益および上場時の時価総額は，ほとんどの上場市場で上場のための形式基準となっています。上場時の株価および発行済株式数を想定するにあたっては，利益および時価総額が目標とする市場の基準をクリアしているか注意する必要があります。

　また，各市場とも平成13年10月より，個人投資家の参入を促し，株式の流動性を高めるため，投資単位を50万円未満に引き下げるよう要請する規定を設けています。そのため，上場時の投資単位当たりの株価は5万円以上50万円未満とする必要があります。

　また，投資家の利便性を高めるため，投資単位を100株へ統一する予定です。そのため，投資単位を100株とする必要があります。

(2)　資金調達額と創業者利潤

　目標値として設定する上場時の株価は，以下の点で非常に重要です。なお，目標値を上場1株当たり利益（EPS）とする場合には，

　　上場時株価＝上場時EPS×同業他社の株価収益率（PER）

で計算できます。

---

①　**上場時株価×公募株式数＝上場時の資金調達額**

> ② 上場時株価×売出し株式数＝上場時のオーナー経営者等の株式売却収入

　すなわち，上場時株価の予測を誤り，実際よりも高く見積もってしまうと，必要資金が調達できなかったり，思ったほど創業者利潤が得られなかったということになってしまいます。

　そこで，経営者は株価算定の基礎となったPERとEPSに関して，以下の点をチェックする必要があります。

> ①　どの同業他社のPERを用いたのか（数社の平均を用いることもある）。その選択基準は妥当か，すなわち当社と同レベルの収益力等の会社を選んでいるか。
> ②　EPSとして堅めの数値を用いているか，すなわち当社が高い可能性でその目標数値を達成できるか。

5．公募および売出し株式数の決定における留意事項

（1）株式の上場方法

　株式を市場に流通させる方法には，公募と売出しとの2つの方法があります。

> 公　募…新たに株式を発行して不特定多数の一般投資家に引き受けてもらい，自社株を市場に流通させること。
> 売出し…既に発行している株式（オーナーや役員などが所有している株式）を不特定多数の一般投資家に売却して，自社株を市場に流通させること。

第6章　資本政策のポイント

◆資本政策例

〈上場時の目標〉

安定株主割合	66.67％以上
必要資金	232,500千円
社長の売却収入（税引前）	150,000千円

	上場直前々期 （フリー期間）					上場直前期 （制限期間）			
時期	H27.3末現在		H27.6			H27.11		H27.11	
項目			譲渡			第三者割当増資		ストックオプシ	
事由			社長より，長男，役員 および従業員持株会へ			金融機関，取引先へ割当		役員および従業	
株価＠（円）	300,000		330,000			450,000		60	
増加株式数（株）	—		—			400			
資金調達額（千円）						180,000			
株主構成	株式数	シェア	増減	（※） 株式数	シェア	増減	（※） 株式数	シェア	増減	（※） 株式数
社長	2,220	69.38％	(340)	1,880	58.75％		1,880	52.22％		1,880
財産保全会社	460	14.38％		460	14.38％		460	12.78％		460
長男	100	3.13％	200	300	9.38％		300	8.33％		300
社長の弟（専務取締役）	100	3.13％	60	160	5.00％		160	4.44％		160
同族株主　計	2,880	90.00％	(80)	2,800	87.50％	0	2,800	77.78％	0	2,800
取締役A	24	0.75％	20	44	1.38％		44	1.22％	10	54
取締役B	24	0.75％	20	44	1.38％		44	1.22％	10	54
監査役	22	0.69％	20	42	1.31％		42	1.17％	10	52
役員　計	70	2.19％	60	130	4.06％	0	130	3.61％	30	160
安定株主合計	2,950	92.19％	(20)	2,930	91.56％	0	2,930	81.39％	30	2,960
従業員持株会	120	3.75％	20	140	4.38％		140	3.89％	60	200
主取引銀行	70	2.19％		70	2.19％	100	170	4.72％		170
ベンチャーキャピタル	60	1.88％		60	1.88％	100	160	4.44％		160
証券会社	0	0.00％		0	0.00％	80	80	2.22％		80
他の金融機関	0	0.00％		0	0.00％	60	60	1.67％		60
取引先	0	0.00％		0	0.00％	60	60	1.67％		60
一般株主	0	0.00％		0	0.00％		0	0.00％		0
株式数合計	3,200	100.00％	0	3,200	100.00％	400	3,600	100.00％	90	3,690

（※）　株式数には，潜在株式数が含まれています。

〈上場時の発行済株式数の想定〉

1．事業計画の策定				
当期純利益（H27.3末）	a	300,000千円	…策定した事業計画より	
2．時価総額の算定				
予想PER	b	10倍	…同業他社のデータをもとに予測	
予想時価総額	c＝a×b	3,000,000千円		
3．上場時発行済株式数の算定				
目標株価	d	150,000円／1株	…目標値（目安）として，直近の上場動向など	
目標発行済株式数	e＝c／d	20,000株	を参考に決定	
〈参考〉				
予想EPS	f＝a／e	15,000円／1株		

5．公募および売出し株式数の決定における留意事項

				上場申請期					
	H28.3末			株式上場時（H28.9頃）					
ョン付与	株式分割			売出しおよび公募					
員へ付与	分割比率　1：5			最低上場株式数　1,000単位（東証マザーズの場合）					
				150,000円／株					
				1,550株					
				232,500千円					
シェア	増減	(※)株式数	シェア	売出	公募	(※)株式数	シェア	(千円)時価総額	(千円)売却収入（税引前）
50.95%	7,520	9,400	50.95%	(1,000)		8,400	42.00%	1,260,000	150,000
12.47%	1,840	2,300	12.47%			2,300	11.50%	345,000	
8.13%	1,200	1,500	8.13%			1,500	7.50%	225,000	
4.34%	640	800	4.34%	(100)		700	3.50%	105,000	15,000
75.88%	11,200	14,000	75.88%	(1,100)		12,900	64.50%	1,935,000	165,000
1.46%	216	270	1.46%	(50)		220	1.10%	33,000	7,500
1.46%	216	270	1.46%	(50)		220	1.10%	33,000	7,500
1.41%	208	260	1.41%	(50)		210	1.05%	31,500	7,500
4.34%	640	800	4.34%	(150)		650	3.25%	97,500	22,500
80.22%	11,840	14,800	80.22%	(1,250)		13,550	67.75%	2,032,500	187,500
5.42%	800	1,000	5.42%			1,000	5.00%	150,000	
4.61%	680	850	4.61%			850	4.25%	127,500	
4.34%	640	800	4.34%			800	4.00%	120,000	
2.17%	320	400	2.17%			400	2.00%	60,000	
1.63%	240	300	1.63%			300	1.50%	45,000	
1.63%	240	300	1.63%			300	1.50%	45,000	
0.00%	0	0	0.00%	1,250	1,550	2,800	14.00%	420,000	
100.00%	14,760	18,450	100.00%	0	1,550	20,000	100.00%	3,000,000	

第6章　資本政策のポイント

　公募と売出しの比率は，安定株主比率，資金調達額，創業者利潤に影響を与えます。したがって，これらのバランスをとる形で公募株式数および売出し株式数が決定されます。

　その際の留意事項としては，以下の事項が挙げられます。

---

① 　公募株式数を増やすと，資金調達額は大きくなるが，安定株主割合は低下するため，買収等のリスクにさらされる可能性が高くなる。

② 　売出し株式数を増やすと，創業者利潤は増えるが，安定株主割合は低下する。

（2）　上場株式数・流通株式比率・株主数に関する上場基準

　上場株式数や流通株式比率，株主数については，市場ごとに上場基準が設けられています。

　公募・売出し株式数を決定するに際しては，これらの上場基準をクリアしているか注意する必要があります。

6．個別スキームの決定における留意事項

　上場時株価や上場時発行済株式数の目標値が決まれば，次は資本政策を具体的に実行するスキーム，すなわち会社が望む株主構成にして，株式上場までの必要資金を調達するための手段を考える必要があります。

　具体的なスキームとしては，以下のようなものが考えられます。

◆資本政策の個別スキームのまとめ

スキーム	目的			
	資金調達	安定株主の確保	投資単位の調整	インセンティブ
（1）　第三者割当増資	◎	○	—	—
（2）　株主割当増資	○	—	△	—
（3）　株式移動	—	○	—	—
（4）　株式分割	—	—	○	—
（5）　株式併合	—	—	○	—
（6）　単元株制度	—	—	○	—
（7）　新株予約権	△	○	—	◎
（8）　新株予約権付社債	◎	△	—	△
（9）　従業員・役員持株会	—	○	—	○
（10）　資産管理会社の設立	—	○	—	—

第7章　関係会社対策のポイント

1．株式上場準備段階での関係会社対策の意義

　一般に，株式上場をしようとする企業の多くは，複数の子会社等の関係会社を持ち，これらの会社と何らかの取引関係があるものです。上場審査では，関係会社の有無および上場予定会社と関係会社との取引状況について，特に注目されます。これは，投資家保護の観点から，連結対象以外の関係会社を利用した決算操作や，関係会社を通じた大株主・役員等の利得行為が行われていないことが，上場予定会社に要請されるからです。

　ここでの要請は，「望ましい」という弱いものではなく，現状でそのよ

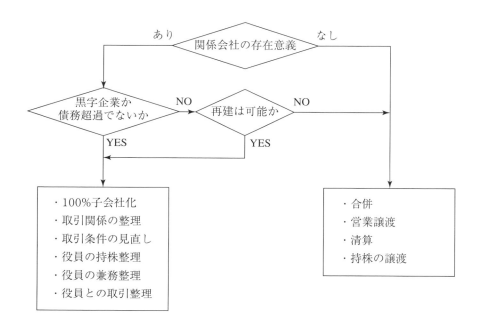

うな行為が行われていないことはもちろんのこと，将来もそのような行為を行うことができないような仕組みを構築すべきという強いものです。

したがって，上場予定会社が関係会社を有している場合には，その存在意義がまず問われることになります。

関係会社の存在が適正と認められるためには，上場予定会社の上場審査上，合理性，かつ合法性があり，役割や位置づけが明確である必要があります。合理性とは，例えば異業種等の新規分野への進出，労務政策上の必要性といったものが挙げられます。

存在意義の低い関係会社については，上場準備の過程で合併，営業譲渡，清算や持株の譲渡等を行うことが考えられます。この場合は，課税上の問題を考慮する必要があり慎重な判断が望まれます。また，100％子会社（上場予定会社が株式を100％所有する子会社）にしてしまうことや，取引条件の見直し，役員の兼務等の整理をすることも考えられます。

2．株式上場準備段階での関係会社

上場予定会社における審査上，問題となるのは，以下の2つの関係会社です。

(1) 人的関係会社

「人的関係会社」とは，人事・資金・技術・取引等の関係を通じて，上場申請会社が他の会社を実質的に支配している場合または他の会社により実質的に支配されている場合における当該他の会社をいいます。例えば，役員等を派遣し，仕入または販売の取引の大部分が上場申請会社との取引である会社が挙げられます。

（2） 資本的関係会社

「資本的関係会社」とは，上場申請会社（その特別利害関係者(注)を含む）が，他の会社の議決権の20％以上を実質的に所有している場合または他の会社（その特別利害関係者を含む）が上場申請会社の議決権の20％以上を実質的に所有している場合における当該他の会社をいいます。

> （注）「特別利害関係者」とは，役員（役員持株会を含む），その配偶者および二親等内の血族（以下，「役員等」といいます），役員等により議決権の100分の50超が所有されている会社並びに関係会社およびその役員をいいます。

3．上場審査で意識すべき関係会社の範囲

従来は，特定のグループ会社との資本関係を意図的に薄くすることにより，連結の範囲から除外したり持分法の適用会社からも除外するという，いわゆる「連結はずし」の防止手段として「人的関係会社」，「資本的関係会社」を特別に定義して上場審査の対象会社の範囲を広げてきました。これは，これまでの上場審査では，本来ならば上場申請会社に帰属するべき利益の漏れがないかどうか，適正なディスクロージャーがなされているかどうかのチェックに重点が置かれてきたことによります。

ところが，連結ディスクロージャー制度が充実してくるに伴い，連結もしくは持分法を適用すべき関係会社の範囲が大幅に拡大され，事実上，「人的関係会社」，「資本的関係会社」が，連結対象会社や持分法適用会社に含まれないケースの方が稀になりました。それどころか，これまでは連結財務諸表作成の範囲に含まれることのなかった会社でも，場合によっては連結の対象とされるようになり，上場審査において意識すべき関係会社の範囲が拡大したといえます。

4．連結の範囲

　上場会社は，子会社が存在する場合には，原則として連結財務諸表を作成しなければなりません。また，関連会社が存在する場合には，原則として持分法を適用し投資損益を認識しなければなりません。

　連結の範囲の決定にあたっては，まず，子会社もしくは関連会社に該当するかどうかを判定します。子会社または関連会社の判定は，従来は持株比率が50％超ないし20％以上という形式的な基準だけで行われていましたが，現在では支配力基準や影響力基準といった持株比率だけによらない実質的な基準が用いられています。その上で，質的または金額的に重要な子会社については連結が適用されます。また，同様に重要な関連会社については持分法が適用されることになります。

　以下では，子会社に該当するか否かのフローチャート，および関連会社に該当するか否かのフローチャートを示します。

第7章 関係会社対策のポイント

(子会社の判定)

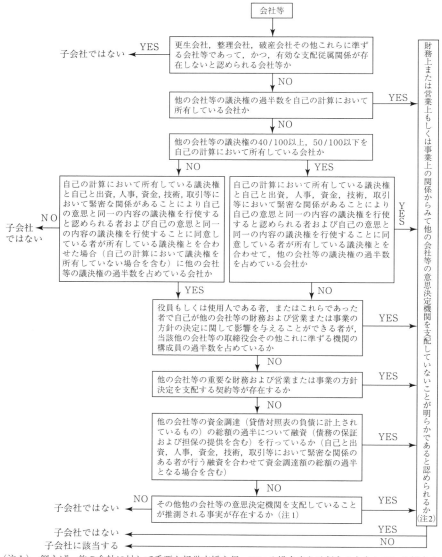

(注1) 例えば，他の会社に対して重要な経営支援を行っている場合または行うこととしている場合などである。
(注2) 他の会社の議決権の40％以上，50％以下を自己所有している場合においても，他に当該会社の議決権の過半数を自己所有している会社があれば，他の会社を支配していないと認定される。

4．連結の範囲

（関連会社の判定）

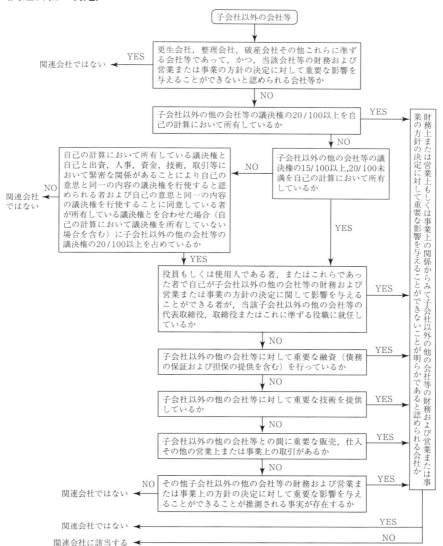

5. 関係会社に関する今後の上場審査の方向性

関係会社に係る審査は，これまで下記の3つのポイントで行われていました。

---
① 上場申請会社を中心とするグループ会社の業績および連結ディスクロージャー体制に係る審査
② 上場申請会社との関連における個々の関係会社の存在意義に係る審査
③ 連結グループ会社管理に係る審査

---

①は，連結財務諸表を基礎とした過年度の業績推移の審査，並びに中期利益計画と単年度予算による上場申請年度の計画遂行状況の審査です。

②は，上場申請会社と各関係会社の資本関係が取引状況等からして適切であるのか，関係会社を存在させていることに正当性があるのか，もしくは関係会社に移管されている業務は本来上場申請会社に帰属するべきものではないのか等の審査です。

③は業務フローチャートや業務管理規程による連結グループの内部管理体制に係る審査です。

このうち，これまで特に重点が置かれていたのが②の上場申請会社との関連における個々の関係会社の存在意義に係る審査です。この審査は，「上場申請会社に帰属すべき利益が漏れていないか」という視点で行われてきましたが，上場後の株価が，これまでの単独財務諸表上の業績だけでなく，連結財務諸表ベースでの業績にも大きく影響を受けるようになってきていることから，この②については若干緩和の方向にあるように思われます。

5．関係会社に関する今後の上場審査の方向性

　ただし，確かに，業績面では連結ディスクロージャー制度の充実により，より実態を反映するようになりました。しかし，キャッシュフローベースでは，連結納税制度のみならず連結配当制度が導入されなければ，グループ企業外への流出を防止することはできません。

　したがって，財務の流動性や安全性も株価の形成要因となっていることを考慮すれば，存在意義の薄い関係会社を整理しようとする要請は，依然として低くないといえます。

第8章　上場準備時の会計上の留意事項

1．上場会社における会計処理の基準

　上場会社は，未上場会社よりも厳格に会計処理を行う必要があります。本来であれば，上場しているかどうかにかかわらず一般に公正妥当と認められる会計基準に従った会計処理を行わなければなりません。しかし多くの未上場会社では，税金計算を目的とした税務基準に従って会計処理がなされており，また，会計監査も強制されていないことから，上場準備を開始するにあたって従来採用していた会計処理をそのまま継続適用できないケースが多いようです。

　そのため，上場準備を開始するに際しては，主要な会計処理に関して見直しを行う必要があります。なお，上場会社では株主・投資家・債権者等の利害関係者への情報開示を重視することから，金融商品取引法制度における会計ルールである財務諸表等規則・連結財務諸表規則のほか，企業会計基準委員会または日本公認会計士協会等から公表された会計基準・適用指針・実務指針等に従った会計処理を行うことが要求されます。

　なお，国際財務報告基準（IFRS）については，当面は任意適用とされており，2014年6月に閣議決定された「『日本再興戦略』改訂2014」においても，まずは，IFRSの任意適用企業の拡大促進が掲げられています。

2．会計処理の見直しの際のチェック項目

　上述の通り，上場準備を開始する際には，それまで採用していた会計処理から上場会社が採用すべき会計処理への変更等の見直しを行う必要があ

2．会計処理の見直しの際のチェック項目

ります。

〈見直しの際のチェック事項〉

項目	内　容	例　示
有価証券		
1	分類は正しくなされているか？	① 売買目的有価証券 ② 満期保有目的の債券 ③ 子会社株式 ④ 関連会社株式 ⑤ その他有価証券
2	時価のある有価証券について，時価で評価しているか？　また，評価差額の処理方法は妥当であるか？	① 全部純資産直入法 ② 部分純資産直入法
3	時価のない有価証券の評価基準は妥当か？　満期保有目的の債券，実質価額が著しく下落している有価証券の評価額は妥当であるか？（注1）	① 原価法 ② 償却原価法 ③ 強制低価法
4	時価のない有価証券の評価方法として何が採用されているか？	① 総平均法 ② 移動平均法
たな卸資産		
5	分類は正しくなされているか？	① 商品 ② 製品 ③ 半製品 ④ 仕掛品 ⑤ 原材料 ⑥ 貯蔵品
6	評価基準は何を採用しているか？（注2）	原価法（収益性の低下による簿価切下げの方法）
7	評価方法は何を採用しているか？（注3）	① 個別法 ② 先入先出法 ③ 総平均法 ④ 移動平均法 ⑤ 売価還元法 ⑥ 最終仕入原価法

第 8 章　上場準備時の会計上の留意事項

項目	内　　容	例　　示
8	① 原価計算が必要であるか？　必要な場合には，販管費と原価の区分は適切に行われているか？ ② 原価計算に基づきたな卸資産は適切に計上されているか？	
有形固定資産		
9	分類は正しくなされているか？	① 建物（建物附属設備を含む） ② 構築物 ③ 機械および装置 ④ 船舶 ⑤ 車両および運搬具 ⑥ 工具，器具および備品 ⑦ 土地 ⑧ リース資産 ⑨ 建設仮勘定
10	耐用年数は妥当であるか？	経済的耐用年数
11	償却方法は妥当であるか？ かつ正規の減価償却を行っているか？ （税務上の特別償却等は準備金処理となっているか？）	① 定額法 ② 定率法 ③ 級数法 ④ 生産高比例法 ⑤ 総合償却
12	税務上の少額減価償却資産の会計処理はどのように行っているか？	① 発生時費用計上 ② 資産計上
13	一括償却資産の会計処理はどのように行っているか？	① 発生時費用計上（税務調整あり） ② 通常の耐用年数による償却
14	減損会計の対象資産はあるか？　その場合，適用の要否について検討されているか？（注4）	

2．会計処理の見直しの際のチェック項目

項目	内　容	例　示
無形固定資産		
15	分類は正しくなされているか？	① のれん ② 特許権 ③ 借地権 ④ 商標権 ⑤ 実用新案権 ⑥ 意匠権 ⑦ 鉱業権 ⑧ 漁業権 ⑨ ソフトウェア ⑩ リース資産
16	耐用年数（ソフトウェア，のれんを除く）は妥当であるか？	
17	ソフトウェアの使用目的は何か？　また，目的に応じて耐用年数が設定されているか？（注5）	① 市場販売目的：3年 ② 自社利用目的：5年
18	のれんの償却年数は妥当であるか？	効果の発現する期間（原則20年以内）
長期前払費用		
19	税務上の繰延資産はあるか？（注6）	① 公共的・共同的施設の負担金 ② 資産を賃借するための権利金等 ③ 役務提供を受けるための権利金等 ④ 広告宣伝用資産を贈与した費用 ⑤ その他自己が便益を受けるための費用
20	償却期間は妥当であるか？	
21	償却方法は妥当であるか？	
繰延資産		
22	分類は正しくなされているか？（注7）	① 創立費

第8章　上場準備時の会計上の留意事項

項目	内　容	例　示
		②　開業費 ③　株式交付費 ④　社債発行費等 ⑤　開発費
23	償却方法は妥当であるか？（注8）	①　支出時費用計上 ②　一定期間で均等償却
24	償却期間は妥当であるか？（注9）	
外貨建取引		
25	外貨建取引基準で定める以外の換算基準を採用している場合はあるか？	
引当金		
26	必要な引当金が正しく計上されているか？（注10）	①　貸倒引当金 ②　賞与引当金 ③　退職給付引当金 ④　役員賞与引当金 ⑤　役員退職慰労引当金 ⑥　修繕引当金 ⑦　製品保証引当金 ⑧　工事補償引当金 ⑨　返品調整引当金 ⑩　売上割戻引当金 ⑪　偶発損失引当金 ⑫　債務保証損失引当金 ⑬　ポイント引当金
	（貸倒引当金）	
27	一般債権の貸倒引当金の繰入率はどのように設定されているか？（注11）	貸倒実績率法
28	貸倒懸念債権等の個別の債権に対する引当金の計上ルールはどのように決まっているか？（注12）	①　相手先の財務内容で決定 ②　滞留期間に応じて決定 ③　滞留金額に応じて決定
29	損益計算書上の貸倒引当金繰入額の計上区分はどこか？（注13）	①　販管費 ②　営業外費用

2．会計処理の見直しの際のチェック項目

項目	内　容	例　示
		③　特別損失
(賞与引当金)		
30	賞与規程または賞与支給実績はあるか？	
31	どのように算定しているか？（注14）	①　支給見込額基準 ②　過去の実績に応じて計算
32	支給額は確定しているか？	確定している場合には未払費用
(退職給付引当金)		
33	退職金規程または退職金支給実績はあるか？	
34	どのように算定しているか？（注15）	①　原則法 ②　簡便法
35	原則法の場合における基礎率は妥当であるか？	
(役員賞与引当金)		
36	役員賞与規程または支給実績はあるか？（注16）	
37	金額はどのように決定するか？	
38	税務上の届出は行っているか？	
(役員退職慰労引当金)		
39	役員退職慰労金規程または支給実績はあるか？（注17）	
40	金額はどのように決定するか？	①　最終報酬月額 ②　在任期間 ③　役位（功績）倍率
(その他の引当金)		
41	どのように算定するか？	①　今後の発生見込額を合理的に見積もり算定 ②　過去の実績に応じて算定

第8章　上場準備時の会計上の留意事項

項目	内　　容	例　　示
収益計上基準		
42	どのような収益計上基準を採用しているか？（注18）	① 出荷基準 ② 納品基準 ③ 検収基準
43	特殊な収益計上基準を採用していないか？	① 入金基準 ② 回収期限到来基準 ③ 進行基準
費用計上基準		
44	発生基準以外の計上基準を採用していないか？　それは妥当なものであるか？	現金基準
リース取引の処理方法		
45	どのようなリース取引を行っているか？	① 所有権移転ファイナンス・リース ② 所有権移転外ファイナンス・リース ③ オペレーティング・リース
46	会計処理はどのように行っているか？（注19）	① 売買処理 ② 賃貸借処理
47	貸手側のリース取引は行っていないか？	
48	セール・アンド・リースバック取引を行っていないか？　行っている場合には適切な会計処理が行われているか？	
ヘッジ会計		
49	ヘッジ目的のデリバティブ取引は行っていないか？	① 金利スワップ・キャップ取引 ② 為替予約取引
50	その取引はヘッジの要件を満たしているか？	
51	会計処理はどのように行われているか？	① 繰延ヘッジ ② 時価ヘッジ ③ 特例処理

2．会計処理の見直しの際のチェック項目

項目	内　　容	例　　示
その他		
52	法人税等は発生主義に基づき計上されているか？（注20）	
53	消費税等はどのように会計処理を行っているか？（注21）	①　税抜処理 ②　税込処理
54	連結納税制度は採用しているか？	
55	税効果会計を適用しているか？（注22）	
56	ストックオプション（新株予約権）を発行しているか？（注23）	
57	資産除却債務を計上しているか？（注24）	
58	会計上の変更及び誤謬の訂正に関してどのように会計処理しているか？（注25）	

(注1)　時価のない有価証券について
　　　　時価のない有価証券については，原則として取得原価で計上しますが，以下の場合には償却もしくは評価減が必要になります。
　　①　満期保有目的の債券で，債券金額より低いまたは高い価額で取得している場合には，原則として償却原価法に基づいて算定された価額で評価します。
　　②　時価のない有価証券で，実質価額が著しく下落している場合には，回復する見込みがあると認められる場合を除き，実質価額まで減額する必要があります。

(注2)　たな卸資産の評価基準について
　　　　従来，通常の販売目的で保有するたな卸資産の評価基準には原価法と低価法がありましたが，「棚卸資産の評価に関する会計基準」により，平成20年4月1日以降開始する事業年度から，原価法（収益性の低下による簿価切下げの方法）に統一されました。

(注3)　たな卸資産の評価方法について
　　　　平成22年4月1日以降開始する事業年度より，たな卸資産の評価方法に後入先出法を適用することは認められなくなります。
　　　　また，最終仕入原価法は，税務上認められた処理ですが，上場会社であれば原則として認められません。たな卸資産の重要性が乏しい場合など一定の場合にのみ認められます。

第 8 章　上場準備時の会計上の留意事項

（注4）　減損会計について
　　　　①　減損会計の流れは以下のとおりです。
　　　　　　資産のグルーピング→減損の兆候の把握→減損損失の認識→減損損失の測定→減損後の処理と開示
　　　　②　減損損失は，資産または資産グループの帳簿価額とその回収可能価額の差額として測定されます。なお回収可能価額は，正味売却価額と使用価値のいずれか大きい金額となります。
（注5）　ソフトウェアの耐用年数について
　　　　　ソフトウェアの耐用年数は，原則として，市場販売目的のものは3年以内，自社利用目的のものは5年以内とされています。ただし，自社利用目的であっても外部に使用させている場合（例えばASP関係のソフトウェア）には，販売目的に準じて耐用年数を設定することが望ましいとされています。
（注6）　税務上の繰延資産について
　　　　　税務上の繰延資産について，繰延資産として処理している会社が多いようですが，繰延資産は会計基準上5つの項目に限定されておりますので，それ以外の項目については，繰延資産として計上することはできません。繰延資産としての性格を有する支出で，会計基準上で認められている繰延資産以外の項目については，長期前払費用に含めて計上するのが一般的です。
（注7）　研究開発費について
　　　　　研究開発費については，発生時に費用計上する必要があります。
（注8）　繰延資産の償却方法について
　　　　　繰延資産は，原則として，支出時に費用として処理することになっています。財務内容の健全化の観点からも支出時に費用計上することが望ましいとされています。
（注9）　繰延資産の償却年数について
　　　　　繰延資産を一定期間で償却する場合の耐用年数は以下の通りです。
　　　　　①創立費（5年以内），②開業費（5年以内），③株式交付費（3年以内），④社債発行費（社債償還期間内），⑤開発費（5年以内）
（注10）　引当金の計上が必要なケースについて
　　　　　引当金は，①将来の特定の費用または損失であって，②その発生が当期以前の事象に起因し，③発生の可能性が高く，④その金額を合理的に見積もることができる場合において計上する必要があります。個々の会社の事業内容および取引慣行に応じて計上しなければなりませんので，上場準備の時点であらゆる角度から検討する必要があります。例えば，販売の都度，将来の値引を付与するようなポイント制を採用している会社においては，付与したポイントに応じた引当金を計上することも実務上定着してきており，同様の制度を採用している会社は注意が必要です。

２．会計処理の見直しの際のチェック項目

(注11) 一般債権に対する貸倒引当金の繰入率

　　　一般債権に対する貸倒引当金の繰入率は過去の貸倒実績に基づき算定する必要があります。

(注12) 貸倒懸念債権等の個別の債権に対する引当金の計上ルールについて

　　　貸倒懸念債権等の個別の債権に対する引当額については，先方の財務内容を調査し，個々の相手先の状況に応じて算定する必要があります。しかし，何らかの要因で先方の正確な財務内容を把握することが困難なケースも実務上はあります。そのため，あらかじめ滞留期間（例えば6ヶ月以上滞留で何％）や滞留金額（1,000万円以上は何％）に基づいたルールを設定し，それに個々の状況を勘案して決定するケースが多く見受けられます。

(注13) 貸倒引当金繰入額の計上区分について

　　　貸倒引当金繰入額の計上区分については，実務上混乱することが多いようです。原則として，営業取引で発生した債権については販管費，それ以外の取引で発生した債権については営業外費用に計上します。特別損失に計上するのはイレギュラーな場合であり，相当な妥当性がある場合に限られることに留意する必要があります。

(注14) 賞与引当金の算定基準について

　　　賞与引当金は，支給見込額によって計上する必要があります。しかし，未上場会社の多くでは，支給金額等のルールを定めず支給直前に社長の裁量により決定するケースが多く見受けられます。その場合には，賞与引当金の計上が困難になりますので，最低でも全体の支給額を決定しておく必要があります。なお，毎期の全体の支給額が大きく変わらず，支給見込額と大きく変わらない場合には，過去の実績に基づいて計算することも考えられます。

(注15) 退職給付引当金の支給額の算定について

　　　退職給付引当金の算定に際して，原則法を適用する場合には年金数理計算に基づくデータが必要であり，自社内での計算は困難です。そこで，従業員数300人未満の会社については期末自己都合要支給額を基礎として退職給付見込額を算定する簡便法が認められています。

(注16) 役員賞与の取扱い

　　　役員賞与は，発生した会計期間の費用として処理する必要があります。役員賞与を期末日後開催の決議事項とする場合は，当該決議事項とする額等を原則として引当金に計上します。

(注17) 役員退職慰労引当金について

　　　役員退職慰労金は，支給に関する内規に基づき支給見込額が合理的に算出され，かつ，支給実績があり，このような状況が将来にわたり存続する場合には，引当金の計上が必要となります。

第8章　上場準備時の会計上の留意事項

(注18)　収益の計上基準について
　　　　未上場会社において，例えば今まで契約締結時に売上計上していたものについて，計上基準の見直しによりすべて取り消されてしまう場合があります。収益計上に関しては，特殊な事項を除き，①財貨又は役務の提供，②対価の受取り，が必要ですので，単に合意した時点では収益計上できないことに注意する必要があります。

(注19)　ファイナンス・リースの処理方法について
　　　　所有権移転外ファイナンス・リース取引については，従来，例外処理である賃貸借処理を行っているケースがほとんどでしたが，平成20年4月1日以後開始する事業年度より原則として上記の例外処理が認められなくなり，売買処理を行うことが必要となりました。

(注20)　法人税等の会計処理について
　　　　未上場会社において，法人税，住民税，事業税，事業所税を現金主義で計上しているケースが見受けられます。法人税等は，事業活動に応じて発生する費用ですので，年度の収益に対応させて計上する必要があります。

(注21)　消費税等の会計処理について
　　　　未上場会社の中には，消費税等の会計処理を税込で行っているケースが見受けられます。上場会社では，基本的に税抜処理しか認められませんので注意が必要です。特に固定資産の取得の際に取得価額に消費税が含まれてしまい，その重要性が高い場合には問題になる可能性があります。

(注22)　税効果会計について
　　　　未上場会社には税効果会計を適用していない会社が多く見受けられます。上場するにあたっては，繰延税金資産および繰延税金負債を適切に見積もり，計上する必要があります。

(注23)　ストックオプション（新株予約権）について
　　　　未上場会社においては，ストックオプションの評価について，本源的価値で行うことが認められていますので，費用計上しなくてもよいケースが通常です。しかし，直近のファイナンスの株価と新株予約権を有償発行した場合の評価額に整合性がない場合には問題になるケースもありますので，新株予約権の評価の際には注意が必要です。

(注24)　資産除却債務の計上について
　　　　保有する有形固定資産の除却に関して法令又は契約により法律上の義務等が要求される場合，当該義務等の金額を合理的に見積り，負債として計上する必要があります。また，負債計上に対応する除却費用については，負債計上額と同額を資産計上し，減価償却により各期に費用配分していきます。

(注25)　会計上の変更及び誤謬の訂正に関する会計処理について
　　　　正当な理由による会計方針の変更が行われた場合，新たな会計方針を過去

2．会計処理の見直しの際のチェック項目

の期間の財務諸表に遡って適用していたかのように会計処理を行う必要があります（遡及適用）。また，過去の財務諸表における誤謬については，当該誤謬の訂正の影響を過去の財務諸表にも反映させることになります（修正再表示）。

第9章　上場準備時の税務上の留意事項

1．株式の譲渡について

(1)　株式譲渡した場合の課税

　個人が所有している株式を譲渡した場合，譲渡所得に20.315％の税率（所得税15％＋復興特別所得税0.315％＋住民税5％）を乗じた金額が課税されます。なお譲渡所得は以下の算式により計算されます。

　譲渡所得＝総収入金額－（取得費＋借入金利子(注)＋委託手数料＋その他譲渡費用）

　（注）　借入金利子は，売却した株式の取得のための借入金等の利子で今年の所有期間に対応する部分の金額をいいます。

(2)　親族間で株式を譲渡する場合の取引価額についての留意点

　上場準備時に，オーナーの所有している上場準備会社の株式を資産管理会社に移転することや，オーナーの親族との間で株式の売買をすることがあります。オーナーとは全く利害関係のない第三者との合理性ある価額による取引であれば，取引価額を巡る税務上の問題は生じません。しかし，親族間で株式を譲渡する場合は，所得税・法人税・相続税の各基本通達において税務上の時価の算定方法が定められており，税務上の問題が生じない取引をするためには，これらの基本通達に則って算定した時価によることが求められます。税務上の時価については，税理士等の専門家により算定を依頼した上で取引を行うことをおすすめします。

例えば，親族・関係会社内で特別な事情により低額で取引をすることがあるかもしれませんが，次のリスクが生じる場合があります。

低額譲渡の場合（時価＞実際の取引価額）
個人間の売買

売主は実際の取引価額で譲渡したものとして，譲渡損益を計算します。時価を基準とした課税関係が生じることは通常ありません。

買主は時価と実際の取引価額の差額について贈与税が課税されるリスクがあります。

個人・法人間の売買

売主は時価で譲渡したものとして（売主が個人の場合は取引価額が時価の2分の1未満の場合），譲渡損益を計算しますので，時価と実際の取引価額の差額について法人税・法人住民税・法人事業税（法人売主，以下「法人税等」）・所得税・住民税・復興特別所得税（個人売主，以下「所得税等」）の課税のリスクがあります。

買主については，時価と取引価額の差額について経済的価値の移転を受けたということで法人であれば受贈益に対する法人税等，個人であれば一時所得もしくは給与所得（個人が売主である法人の役員・従業員である場合）として所得税等が課税されるリスクがあります。

高額譲渡の場合（時価＜実際の取引価額）
個人間の売買

売主は時価で譲渡したものとして，譲渡損益を計算します。時価と実際の取引価額との差額については，買主から贈与を受けたものとして贈与税

が課税されるリスクがあります。

　買主については，時価で株式を取得し，実際の取引価額と時価との差額は売主への贈与となりますので，課税はありません。

個人・法人間の売買

　売主は時価で譲渡したものとして，譲渡損益を計算します。時価と実際の取引価額との差額については，買主から贈与を受けたものとして，売主が法人の場合は受贈益に対する法人税等が課税され，売主が個人の場合は一時所得もしくは給与所得（個人が売主である法人の役員・従業員である場合）として所得税等が課税されるリスクがあります。

　買主については，時価で株式を取得し，実際の取引価額と時価との差額は売主への贈与となりますので，個人について課税はありません。ただし，法人については，その贈与部分の差額について，売主に対する寄附金，もしくは役員賞与（買主が売主である法人の役員の場合）として税務上の費用計上（損金算入）が制限（寄附金は一定の限度額を超える金額，役員賞与は全額）されるリスクがあります。

（3）　未上場株式と上場株式の売却利益と売却損失の通算（平成27年12月31日まで）

　オーナーが所有する上場準備会社等の未上場株式を売却した年に，上場株式も売却し，それぞれに利益もしくは損失がある場合は，未上場株式と上場株式の利益と損失を通算することができます。手続きとして，確定申告が必要となりますが，利益と損失の通算により税負担を減らすことが可能です。

　ただし，このような通算が可能なのは，平成27年12月31日までであり，

その日を過ぎると未上場株式・上場株式それぞれから生じた利益と損失をそれぞれの間で通算することは引続き可能ですが、未上場株式から生じた利益と損失を上場株式から生じた利益と損失との間で通算することはできません。

2．配当について

（1） 個人株主の場合

配当に対する個人の課税は次の表1のとおりとなります。上場準備会社の場合は、表1の「1．未上場会社等の配当等」の取扱いとなり、少額配当に該当しない場合は、確定申告を行い、給与所得・不動産所得等と同様

表1　配当課税の取扱い

	源泉徴収税率	課税		
1．未上場株式等の配当等（注1）	20.42%（所得税20％＋復興特別所得税0.42％）	少額配当（注2）	確定申告しない（注3）（選択・申告不要）	
			確定申告する（選択・配当控除を受ける場合等）	総合課税
		少額配当以外	確定申告必要	総合課税
2．上場株式等の配当等	20.315%（所得税15％＋復興特別所得税0.315％＋住民税5％）	確定申告しない（選択・申告不要）		
		確定申告する（選択・配当控除を受ける場合等）		総合課税
		確定申告する（選択・上場株式等の売却損と通算する場合等）		申告分離課税

（注1）　上場会社の大口株主（保有割合3％以上）の配当等は1．の取扱いとなる。
（注2）　少額配当とは、1回に支払いを受ける金額が「10万円×配当計算期間の月数（最高12ヶ月）÷12」以下の配当をいう。
（注3）　住民税は総合課税となり確定申告が必要。

に総合課税が適用されます。総合課税が適用される場合，累進税率が適用されるため源泉徴収税率よりも負担が重くなる可能性があります。

　将来の上場時には表１の「２．上場株式等の配当等」の取扱いとなりますが，オーナー一族の各個人について，大口株主（３％以上のシェア）となる場合は，上場前，すなわち，未上場株式等と同様の取扱いになります。資本政策上，一族で上場株式を所有する場合，個人株主，かつ３％未満のシェアであれば申告不要の選択により20.315％の税率による源泉徴収のみで納税は完了します。

（２）　法人株主の場合

　法人株主の配当については，法人の税引後利益から支払う配当について，配当を受け取る法人でも課税すると二重課税になることから，株式所有比率に応じて益金（税務上の収益）に算入しない割合が定められ，配当を受ける法人の税負担が調整される制度になっています（受取配当の益金不算入）。表２のとおり平成27年度税制改正により，所有割合に応じた取扱いが変わります。

　税制改正の結果，所有割合が改正前において「５％超25％未満」の法人株主は，改正後も益金不算入割合が50％のまま維持されるものの，負債利子を控除しない分減税となりますが，「25％以上３分の１以下」および「５％以下」の法人株主は，改正後は負債利子を控除しないことになる分減税になるものの，益金不算入割合が減少するため，結果として増税になる可能性が高いと考えられます。

　上場会社における，創業者一族の資産管理会社につき，所有割合が「25％以上３分の１以下」のケースがよく見受けられますが，当該ケースにおける資産管理会社は本制度の改正の影響を受けるため，今後の保有割

3．新株発行について

表2　受取配当の益金不算入の取扱い

平成27年度税制改正前			平成27年度税制改正後			改正の影響
区分	益金不算入割合	負債利子控除	区分	益金不算入割合	負債利子控除	
完全子法人株式等（所有割合100％）	100％	なし	完全子法人株式等（所有割合100％）	100％	なし	影響なし
関係法人株式等（所有割合25％以上100％未満）	100％	あり	関連法人株式等（所有割合3分の1超100％未満）	100％	あり	影響なし
上記以外の株式等（所有割合5％以下）	50％	あり	その他の株式等（所有割合5％超3分の1以下）	50％	なし	増税（注）
			非支配目的株式等（所有割合5％以下）	20％	なし	増税（注）

（注）　負債利子控除の金額が大きい場合には，減税となることがあります。

合につき検討する必要があります。上場準備会社におけるオーナーの資産管理会社については，所有割合5％と3分の1のハードルを意識して資本政策を検討することがポイントになります。

3．新株発行について

（1）　時価発行の場合

新株発行については，発行会社については損益取引ではなく資本等取引

に該当するため課税は生じません。また，株式を取得する株主についても，個人については金銭出資であれば出資額相当の株式を取得することになり，課税は生じません。しかし，現物出資の場合は出資財産の時価が取得費等を上回れば差額について所得税が課税されます。

法人株主については，個人株主と同様に金銭出資であれば出資額相当の株式を取得することになり課税は生じません。しかし，現物出資の場合は出資財産の時価が帳簿価額を上回れば差額について原則として法人税が課税されます。ただし，適格現物出資に該当する場合は，（例えば現物出資を行う法人と現物出資を受け入れる法人の資本関係が100％であること等の一定の要件を満たす場合）時価ではなく帳簿価額により出資したと取り扱われるため，時価との差額についての法人税の課税が繰り延べられます。

（2） 有利発行の場合

特定の株主に対して，有利発行，すなわち発行価額が時価の概ね90％を下回って新株発行をした場合は，特定の株主に対して時価と発行価額の差

表3　有利発行にともなう株主の課税関係

株主の区分		時価と発行価額の差額に関する課税関係
法人株主		法人税等
個人株主	①発行法人の役員・従業員	所得税等（給与所得）
	②株主の親族等（①に該当する場合を除く）	所得税等（一時所得）または贈与税（発行会社が同族会社の場合で，他の同族株主（個人）からの価値移転に対する課税）
	③その他（①②以外）	所得税等（一時所得）

額について，表3に示す課税関係が発生するリスクがあります。

　オーナー一族に対して新株発行を検討する場合は，有利発行に該当して課税関係が生じることがないように，新株の発行価額については慎重に検討する必要があります。

4．ストック・オプションに関する課税関係について

　ストック・オプションの個人に対する税務上の取扱いは，税制非適格ストック・オプション（原則）と税制適格ストック・オプション（例外）に区分されます。ストック・オプションの権利行使により得た経済的利益は，権利行使時に給与所得等として課税（総合課税）されることを原則としますが，一定の要件を満たす場合は「税制適格ストック・オプション」として，権利行使時の給与所得等の課税はなく，株式譲渡時まで繰り延べられることになります。しかも，繰り延べられた所得は，給与所得等ではなく，株式譲渡所得課税（20.315％の税率（所得税15％＋復興特別所得税0.315％＋住民税5％））となります。

　ただし，大口株主（非上場会社の場合には発行済株式の3分の1超を保有する株主）は税制適格要件を充足しないため，上場準備における資本政策策定に当たっては，税制適格ストック・オプションの取扱いに留意する必要があります。

税制適格ストック・オプションの主な要件
〈ストック・オプションの発行内容の要件〉
・発行価額が無償（ゼロ）であること
・権利行使がストック・オプションの付与決議後2年から10年の期間に行われること

- 年間の権利行使価格が1,200万円以下であること
- 譲渡禁止規定が付されていること
- 権利行使価格が付与時の株価以上であること　等

〈付与対象者の要件〉
- 発行会社およびその子会社の取締役、執行役または使用人である個人であること
- 付与決議時に大口株主（上場会社の場合は発行済株式の10分の1超を保有する株主、非上場会社の場合は発行済株式の3分の1超を保有する株主）に該当しないこと　等

　ストック・オプションに関する役職員等の課税関係をまとめると次の表

表4　ストック・オプションに関する課税関係

	税制非適格（原則）		税制適格（例外）	
	権利行使時	株式譲渡時	権利行使時	株式譲渡時
個人（役職員等）の課税関係	「権利行使時の株式の時価−権利行使価格」について、給与所得課税	「株式譲渡価格−権利行使時の株式の時価」について、株式譲渡所得課税	課税なし（株式譲渡時まで課税繰り延べ）	「株式譲渡価格−権利行使価格」について、株式譲渡所得課税

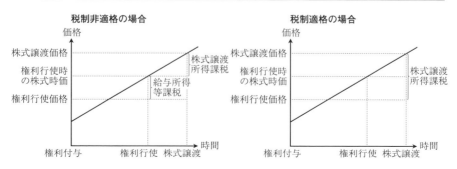

4のようになります。

5．資産管理会社の活用

多くの上場企業オーナーは，資産管理会社を活用しており，次の図のように，一族の出資する資産管理会社を通じて，上場株式を間接的に保有しています。

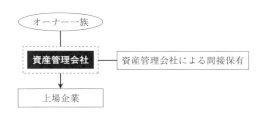

なぜ，このように資産管理会社が上場株式を保有する形態をとっているのでしょうか。主な理由（メリット）には次のようなものがあると考えられます。

（1） 資産管理会社を活用する主な理由（メリット）
① 安定的な株式保有形態の構築

オーナー個人が上場株式を直接保有している場合，相続などをきっかけとして株式が分散することで，経営が不安定になるおそれがあります。例えば，相続人が，相続した上場株式を市場で売却すると，オーナー一族の議決権比率が低下してしまいます。そこで，資産管理会社を通じて上場株式を保有することで，個人の自由な処分を防ぎ一族として議決権を集約し，経営が不安定になることを防ぐことができます。このように，資産管理会社は安定株主としての働きを持っています。

② 投資主体または事業主体としての活用

上場企業は，公開会社であるがゆえに，実行したくても実行できない事業や投資があります。そのような場合に，資産管理会社で新規事業や投資を行うなど，ビークル（事業体）としての機能を果たすことができます。

③ 税制上のメリット

オーナーが直接保有することに比べて次のような税制上のメリットがあります。

●相続税評価額の圧縮効果

オーナーが上場株式を直接保有している場合，上場株式の相続税評価額は，取引所が公表する課税時期の最終価格またはその当月，前月，前々月の平均のいずれか少ない価額となります。

一方，資産管理会社の評価額は，未上場会社であるため，純資産価額方式(注1)により評価することができます。純資産価額方式によると，資産管理会社が保有する資産の含み益(注2)に対して，法人税相当割合（38％）を控除することができます。したがって，上場株式の株価が上昇した場合において，個人が直接保有しているときは，そのまま株価上昇の影響を受けることになりますが，資産管理会社を通じて保有しているときは，株価上昇分（含み益分）に対して38％を控除することができ，影響を薄めることができます。このように，株価の上昇を抑えるという相続税評価額の圧縮効果があります。

(注1) 資産管理会社の資産の50％が株式等である場合，株式保有特定会社に該当し，純資産価額方式等が採用されます。
(注2) 『相続税評価額による純資産価額』－『帳簿価額による純資産価額』

5．資産管理会社の活用

●配当金に対する税負担の軽減

　上場会社からの配当金について，個人の大口株主(注)の場合は，総合課税の対象となりますので，その年の給与などと合算して課税されます。大口株主の方の場合，配当金だけでも多額になり，会社の役員であることも多く役員報酬も高額であることから，最高税率が適用されるケースが多くあります。そのようなケースでは，配当金を受け取っても，約半分は税金を納めることになります。

　一方，法人の場合は，一定の保有比率を満たした場合，配当金の『全額』または『一部』が益金不算入となる税制上の優遇措置があります（90頁及び91頁を参照下さい）。そのため，この優遇措置により，配当金の全額または一部が課税されないことから，個人が直接配当金を受け取るよりも，法人が配当金を受け取る方が，税負担を抑えられる可能性があります。

　（注）　発行済株式総数の３％以上の株式を保有している株主

（2）　資産管理会社活用の際の留意点

資産管理会社を活用するうえで，次のような留意点があります。

①　株式移動に伴う税コスト

　オーナー個人が保有している株式を，資産管理会社に移動する際には，含み益に対して20.315％の課税が発生します。よって将来的に資産管理会社が株式を保有することを予定しているならば，株価の低い時期に，できれば上場前に資産管理会社に株式を移動する等の検討を行う必要があります。

②　株式移動を行う際の各種法規制

　上場会社のオーナーは会社の役員である場合が多く，会社の重要事実を知り得る立場にありますので『インサイダー取引規制』の対象になります。

その他『大量保有報告書の提出』や『TOB規制』などの各種法規制に留意して実行する必要があります。

③ 資産管理会社が保有する上場株式の譲渡益に対する課税

上場株式を市場で売却する場合において個人が売却するときは20.315％の税率ですが，資産管理会社（法人）が売却するときは，法人税等が課されるため，税負担が高くなります。したがって，資産管理会社が保有する場合，将来的に売却する際には個人保有に比べ税負担が増加する可能性があります。

④ 資産管理会社株式の換金性

資産管理会社株式は，上場株式のように市場がないため，換金性が低くなります。したがって，事業承継や相続時に，相続税・贈与税等の納税資金の準備が課題になります。

第10章　JASDAQ 市場

1．JASDAQ（ジャスダック）市場とは

　JASDAQ は，東京証券取引所（以下，「東証」）が運営している大手，中堅企業およびベンチャー企業向けの市場です。市場区分については，一定の事業規模と実績を有する成長企業を対象とした「スタンダード」および特色ある技術やビジネスモデルを有し，より将来の成長可能性に富んだ企業を対象とした「グロース」という2つの市場に区分されています。

　平成27年6月16日現在，JASDAQ スタンダードに上場している企業は778社，その時価総額は約10兆円，JASDAQ グロースに上場している企業は45社，その時価総額は約3,373億円であり，国内最大の新興市場です。

2．JASDAQ 市場の概要

（1）　上場基準

　JASDAQ 市場では，「公益または投資家保護の観点から，申請会社の株券を不特定多数の一般投資家が参加する JASDAQ 市場の上場銘柄とすることが適切かどうか」を判断するための基準として「有価証券上場規程」および「株券上場審査基準」を設けており，これらに基づいて上場の可否が判断されます。

　上場基準には，形式基準と実質基準の2つの基準がありますが，形式基準は，上場を目指す企業が，株式を上場する際に最低限充足しなければならない資格要件であり，1つでも基準を満たすことができない場合には，上場申請は認められません。実質基準は，形式基準を満たしている会社が

第10章　JASDAQ市場

上場会社にふさわしい体制を有しているか否かという上場の適格性を実質的に判断するための基準です。これらは，会社の規模，業種，個別企業の状態等を総合的に勘案して判断されることになります。

(ア)　形式基準

項　目	基　準　内　容	
	JASDAQスタンダード	JASDAQグロース
① 株主数	上場の時までに，200人以上	
② 上場前の公募または売出し	上場日の前日までに行う公募又は売出しの株券等の数が1,000単位又は上場時に見込まれる上場株券等の数の10％のいずれか多い株式数以上であること	
③ 流通株式時価総額	上場日において，5億円以上 （原則として新規上場に係る公募等の見込み価格等に，上場時において見込まれる流通株式数を乗じて得た額）	
④ 利益の額（利益の額については連結経常利益金額）	最近1年間の利益の額が1億円以上であること ※上場日における時価総額が50億円以上となる見込みである場合には，利益金額は問わない	グロースには当該基準はありません
⑤ 純資産の額（上場時見込み）	連結純資産の額が2億円以上であること	連結純資産の額が正であること
⑥ 監査意見等	a．「新規上場申請のための有価証券報告書」に添付される監査報告書（最近1年間を除く）において，「無限定適正意見」又は「除外事項を付した限定付適正意見」が記載されていること b．「新規上場申請のための有価証券報告書」に添付される監査報告書等（最近1年間）において，「無限定適正意見」等が記載されていること c．上記監査報告書，中間監査報告書または四半期レ	

		ビュー報告書に係る財務諸表等が記載または参照される有価証券報告書等に虚偽の記載がないこと d．新規上場申請に係る株券等が国内の他の金融商品取引所に上場されている場合にあっては次の(a)および(b)に該当するものでないこと (a)　最近1年間に終了する事業年度に係る内部統制報告書に「評価結果を表明できない」旨が記載されていること (b)　最近1年間に終了する事業年度に係る内部統制監査報告書に「意見の表明をしない」旨が記載されていること
⑦	その他	株式事務代行機関の設置 単元株式数が上場時に100株となる見込みのあること 株式の譲渡制限なし 指定保管振替機関に対する取扱いの対象であること

(イ)　**実質基準**

　実質基準は，投資家保護の観点から上場銘柄として，株券の円滑な流通・売買等の取引の公正を確保することができるか否かの観点から，上場申請会社の内容について実質的に判断するための基準であり，以下の事項に重点が置かれています。

JASDAQ スタンダード	JASDAQ グロース
①　企業の存続性	①　企業成長可能性
②　健全な企業統治及び有効な内部管理体制の確立	②　成長の段階に応じた健全な企業統治及び有効な内部管理体制の確立
③　企業行動の信頼性	
④　企業内容等の開示の適正性	
⑤　その他公益又は投資家保護の観点から東証が必要と認める事項	

イ）JASDAQ スタンダード

① 企業の存続性

1) 企業グループの損益及び財政状態の見通しが今後の企業の存続に支障を来す状況にないことが要求され，次の2点を満たすこと
   - 企業グループの最近における損益及び財政状態の水準を維持することができる合理的な見込みがあること
   - 企業グループの損益又は財政状態が悪化している場合又は良好でない場合において，当該企業グループの損益及び財政状態の水準の今後における回復又は改善が客観的な事実に基づき見込まれるなど当該状況の改善が認められること
     → 上場後においても投資家に対して利益還元できるような良好な利益及び収支見通しを上場申請時点で備えているかが審査されます。

2) 企業グループの経営活動が次に掲げる事項その他の事項から，安定かつ継続的に遂行することができる状況にあると認められること
   - 企業グループの事業活動が仕入れ，生産，販売の状況，取引先との取引実績並びに製商品・サービスの特徴および需要動向その他の事業の遂行に関する状況に照らして安定かつ継続的に遂行することができる状況にあること
     → 仕入の状況，生産管理，販売体制，業界環境，市場規模，事業所，設備投資の方針，研究開発の状況等に照らし，上場後も成長を継続することができるか否かが審査されます。
   - 企業グループの主要な事業活動の前提となる事項について，その継続に支障を来す要因が発生している状況が見られないこと
     → 重要な契約の状況，許認可や免許および登録の状況，係争，訴

訟，法令違反等の状況を勘案し，上場後も事業運営が安定的に継続できる状況にあるか否かが審査されます。

② 健全な企業統治及び有効な内部管理体制の確立

1） 企業グループの役員の適正な職務の執行を確保するための体制が，相応に整備され適切に運用されている状況にあると認められること
→JASDAQスタンダードへの上場によりパブリックカンパニーとなる上場会社が経営活動を適正かつ有効に行うためには，適切なコーポレート・ガバナンスの体制が確立している必要があり，コーポレート・ガバナンスに対する基本的な考え方，機関設計や役員構成の状況，現在の体制を採用している経緯等が審査されます。

2） 新規上場申請者の役員の相互の親族関係，その構成，勤務実態又は他の会社等の役職員等との兼職の状況が，当該新規上場申請者の役員としての公正，忠実かつ十分な職務の執行又は有効な監査の実施を損なう状況でないと認められること
→役員構成，兼務の状況等から，上場後に業務執行等において機動的，かつ，適正な意思決定に支障がないか否かが審査されます。

3） 実態に即した会計処理基準を採用し，かつ会計組織が適切に整備，運用されている状況にあること
→経理事務に関するフローチャート，採用している会計処理基準の内容を閲覧することで，上場後において，重要となる開示資料を適正に作成するために日常の実務が適切に行われているか否かが審査されます。

4） 法令遵守の体制が適切に整備・運用されている状況にあること

5) 経済活動を有効に行うため,その内部管理体制が相応に整備され,適切に運用されている状況にあること
    →経営管理の具体的方策,管理状況や社内諸規定の内容が,申請会社の規模や事業内容,成長ステージ等に照らして相応なものであるか,また,不正や誤謬を防止することができるような内部牽制が機能する組織および規定となっているか否かが審査されます。
6) 経営活動の安定かつ継続的な遂行,内部管理体制の維持のために必要な人員が確保されている状況にあること

③ 企業行動の信頼性

1) 企業グループの関連当事者その他特定の者に対し,取引行為その他の経営活動を通じて,不当に利益を供与又は享受していないこと
    ・関連当事者その他特定の者との間に取引が発生している場合において,当該取引が取引を継続する合理性及び取引価格を含めた取引条件の妥当性を有すること
        →当該取引の事業上の必要性やその条件の妥当性などについて審査されます。また,その取引行為の存在自体に合理性(事業上の必要性)がない場合には,利益供与とみなされます。
2) 親会社等を有している場合,申請会社の経営活動が親会社等からの独立性を有する状況にあること
    →事業基盤の安定性,継続性,成長性等について,親会社等から独立した経営活動が確保されているか否かが審査されます。
3) 経営陣が金融商品市場に上場する責任及び意義に関する識見を有していること
4) 新規上場申請日以後,同日の直前事業年度の末日から3年以内に,

合併等により,申請会社が実質的な存続会社でなくなること等
5) 買収防衛策を導入している場合には,規程第440条各号に掲げる事項を遵守していること
　→適法性や企業価値基準(企業価値を向上させる買収を排除せず,企業価値を毀損する買収を忌避できるような買収防衛策のあり方)に照らした妥当性を十分に検討のうえ行われていること,さらに,投資家保護の観点から,株主の権利内容等が不当に制限されないことが求められます。
6) 反社会的勢力による経営活動への関与を防止するための社内体制を整備し,当該関与の防止に努めていること及びその実態が公益又は投資者保護の観点から適当と認められること
7) 最近において重大な法令違反又は公益に反することとなるおそれのある行為を行っていない状況にあると認められること

④ 企業内容等の開示の適正性
1) 経営に重大な影響を与える事実等の会社情報を管理し,当該会社情報を適時・適切に開示することができる状況にあること,また,内部者取引等の未然防止に向けた体制が適切に整備または運用されていること
2) 企業内容の開示に係る書類が法令等に準じて作成されており,かつ,投資者の投資判断に重要な影響を及ぼす可能性のある事項,リスク要因として考慮されるべき事項,主要な事業活動の前提となる事項について分かりやすく記載されていること
　→上場後において,投資家の投資判断の拠り所となる開示資料が法令等に照らして適正に作成されているか,また,申請会社を理解する上で,分かりやすく誤解を生じさせることのない記載

となっているかが「上場申請のための有価証券報告書」（いわゆる「Ⅰの部」）によって審査されます。

3） 関連当事者その他の特定の者との間の取引行為又は株式の所有割合の調整等により，企業グループの実態の開示を歪めていないこと

→取引内容および取引条件の適正性の確認，企業グループの出資構成の合理性の確認を通じて，企業内容等の開示内容を意図的に歪めるような行為やグループ企業への出資調整が行われていないか否かが審査されます。

4） 議決権の過半数を実質的に有している会社（以下，「過半数所有会社」）を申請会社が有している場合，申請会社の経営に重要な影響を与える当該過半数所有会社に関する事実等の会社情報を申請会社が適切に把握することができ，かつ，投資者に対して適時・適切に開示できる状況にあること

⑤ その他公益又は投資者保護の観点から東証が必要と認める事項

1） 株主等の権利内容及びその行使の状況が，公益又は投資者保護の観点で適当と認められること

2） 経営活動や業績に重大な影響を与える係争又は紛争等を抱えていないこと

3） 新規上場申請に係る内国株式等が無議決権株式又は議決権の少ない株式である場合には，定められた基準に適合するものであること

4） その他公益又は投資者保護の観点から適当と認められること

2．JASDAQ 市場の概要

ロ）JASDAQ グロース
　① 企業の成長可能性
　1） 損益または財政状態の見通しが向上する見込みであること
　　・経営計画において，申請事業年度以降，持続的成長を達成することができる合理的な見込みがあること
　　　→具体的数値基準はありませんが，ある程度の期間，継続的に企業グループの損益または財政状態の見通しが向上し続けること，また，それらの成長計画に合理的な根拠があることが審査されます。
　　・将来において持続的成長が見込まれる先行投資型企業の場合にあっては，経営計画において，申請事業年度から起算して5年以内に当期純利益が計上できる見込みがあること
　　　→「先行投資型企業」とは，多額の初期投資を必要とし，投資の結果が結実するまで比較的長期間を要する企業を指し，短期間での利益計上を必ずしも求められないが，将来において，持続的に計上し，申請事業年度から起算して5年以内に当期純利益を計上することが必要になります。
　2） 経営計画の基礎となっている競争優位性及び事業環境について，合理的な根拠を有すること
　　　→企業グループの主たる製商品，サービスまたは今後主たる製商品となる開発案件について，セグメント別（事業別）に，競合会社の特徴と比較分析し，業界における地位，シェア，他との競合状況を踏まえて，企業グループの競争優位性について確認されます。
　3） 経営計画の実現に向けた社内の人員体制及び整備の構築について，

現状及び計画の根拠に疑義を抱かせるものでないこと
4） 主要な事業活動の前提となる事項について，その継続に支障を来す要因が発生している状況が見られないこと

② **成長の段階に応じた健全な企業統治及び有効な内部管理体制の構築**
1） 役員の適正な職務の執行を確保するための体制が相応に整備され，適切に運用されている状況にあること
2） 親族関係，その構成，勤務実態又は他の会社等の役職員等との兼職の状況が，当該新規上場申請者の役員としての公正，忠実かつ十分な職務の執行又は有効な監査の実施を損なう状況でないと認められること
3） 実態に即した会計処理基準を採用し，かつ会計組織が適切に整備・運用されている状況にあること
4） 法令遵守の体制が適切に整備・運用されている状況にあること
5） 経済活動を有効に行うため，その内部管理体制が相応に整備され，適切に運用されている状況にあること
6） 経営活動の安定かつ継続的な遂行，内部管理体制の維持のために必要な人員が確保されている状況にあること

(2) リスク情報

上場審査に際しては，リスク情報の開示についても慎重な審査がなされることになっています。

リスク情報とは，事業の概況，営業の状況，設備の状況など「上場申請のための有価証券報告書」（Ⅰの部）等に記載された事項に関するもので，投資の危険度に関する投資者の判断に重要な影響を及ぼす可能性のある事項をいいます。例えば，次のような項目が挙げられます。

① 財政状態および経営成績の異常な変動
② 特定の取引先・製品・技術などへの依存
③ 特有の法的規制・取引慣行・経営方針
④ 重要な訴訟事件の発生
⑤ 役員・大株主・関係会社などに関する重要事項

　上場申請会社は，リスク情報がある場合にはそのリスクに関する情報をⅠの部の「事業等のリスク」に記載し開示しなければなりません。上場審査ではその開示内容について慎重な審査が行われます。

(3) 情報開示

　JASDAQ市場では，会社法や金融商品取引法に基づく開示，東証の規則に定める会社情報の適時開示，年1回の決算発表と年3回の四半期報告書を開示することを上場会社に義務付けています。

第11章　東証マザーズ

1．東証マザーズとは

　東証マザーズ（以下，「マザーズ」）は，東京証券取引所（以下，「東証」）が平成11年11月に，高い成長の可能性を有する新興企業の資金調達を円滑にし，新たな産業の育成に資するとともに，投資者に多様な投資物件を提供することを目的として創設した新興・成長企業向け市場です。
　その後，平成23年3月に，「マザーズの信頼性向上及び活性化に向けた上場制度の整備等について」を公表し，マザーズ上場の10年後には，マザーズに継続して上場するか，市場第二部に市場変更するか選択する制度に変更されました。

2．マザーズ創設の背景

　マザーズをはじめとする新興・成長企業向け市場ができた背景には，それまで日本では，証券市場への上場会社数が米国に比べて著しく少なく，また，上場するまでに要する年数も米国の約10年に比べて約30年程度を要し，ある程度の社歴が必要という状況がありました。
　そこで，ベンチャー企業など社歴の短い会社でも，高い成長性が見込まれる場合には，直接金融による資金調達ができるようにするため，マザーズなどのベンチャー企業向け市場が創設されたのです。

3．マザーズの特徴

（1） 成長性

　マザーズは，高い成長可能性を有していると認められる企業を上場対象としています。したがって，業種に関係なく，優れた技術やノウハウを持ち，成長の可能性が認められる企業がマザーズ上場対象企業となります。
・上場申請時に，申請会社が上記の企業に該当する旨と事業内容を記載した東証所定の書面を主幹事証券会社が提出することが必要です。

　なお，マザーズでは，成長可能性の高い会社を上場対象にしていますので，事業計画等を基に将来の収益性について十分に説明できることが必要です。

（2） 流動性

　マザーズに上場する会社の株式の売買は，既存市場と同様にオークション形式（価格優先，時間優先による競争売買）によって行われます。上場後の流動性を確保する観点から，以下の4つの基準が設けられています。

① 株主数

　1単位以上の株式を保有する株主が上場時までに200人以上となる見込みのあること。

② 上場株式数

　新規上場申請日から上場日の前日までの期間に，500単位以上の新規上場申請に係る株券等の公募を行うこと。

③ 時価総額

　上場日における時価総額（上場に係る公募の価格に上場時の予定上場株式数を乗じて得た額）が10億円以上となる見込みのあること。

④　流通株式数(注)

・流通株式の数が，上場の時までに，2,000単位以上となる見込みのあること
・上場日における流通株式の時価総額が5億円以上となる見込みのあること
・流通株式の数が，上場の時までに，上場株券等の数の25％以上となる見込みのあること

　　(注)　流通株式とは，上場申請に係る有価証券のうち，大株主および役員等の所有する有価証券ならびに申請会社が所有する自己株式など，その所有が固定的でほとんど流通可能性が認められない株式を除いた有価証券をいう。

(3)　迅速性

マザーズでは，将来成長が期待される新興企業に対して早期の資金調達の機会を提供するという観点から，以下のような取扱いをしています。

①　利益に関する上場基準がないこと

マザーズにおいては，「利益などの財務数値」に関する基準は設けられていません。したがって，設立後間もない会社や赤字の会社であっても，上場することが可能です。

②　審査期間の短縮

既存市場では，審査期間に約3ヶ月程度を要するのが通常ですが，マザーズの上場審査は約2ヶ月を目安として実施されています。審査期間の短縮により，既存市場では上場申請から上場までに約半年かかっているのに対して，マザーズでは約3ヶ月で上場することができます。

また，マザーズでは，「上場申請のための有価証券報告書」（Ⅱの部）の提出が求められていません。既存市場では，「上場申請のための有価証券報告書」（Ⅱの部）という会社の内容を詳しく記載した書類を作成する必

要があり，多大な時間と労力を要します。しかし，マザーズでは，その提出を求めないこととしています。

なお，マザーズでは「Ⅱの部」の提出は求めていませんが，主幹事証券会社の審査段階で，「Ⅱの部」に記載される情報の提供が要求されると考えられます。

（4） 透明性

マザーズにおいては，設立後間もない会社や過去の実績の乏しい会社の上場も想定されます。この場合には，会社の事業計画や将来見通しが重要な投資判断の材料となります。

そこで，マザーズにおいては，会社情報をより多角的に提供してもらうため，年2回以上，投資に関する説明会を行うことを義務づけています。説明会については，会社が希望する場合には，東証建物内の東証アローズを利用することが可能です。

（5） 東京証券取引所第一部への近道

直接東京証券取引所第一部に直接又はJASDAQ経由で上場する場合，上場時の時価総額は250億円以上必要です。ところがマザーズ市場経由ですと一定の要件を満たす場合，時価総額が40億円以上でも東京証券取引所第一部に市場変更が可能になります。

4．マザーズの上場基準（形式基準）

マザーズの上場基準をまとめると次表のようになります。なお，前述のように利益の額に関する基準は設けられていません。

第11章　東証マザーズ

項　　目	上場基準の内容
対象企業	高い成長の可能性を有していると認められる企業
時価総額 （上場時見込み）	10億円以上
上場前の公募	上場時までに500単位以上の公募を行うこと（注1）
株主数 （上場時見込み）	200人以上
流通株式 （上場時見込み）	a．流通株式数　2,000単位以上 b．流通株式時価総額　5億円以上 c．流通株式数（比率）　上場株券等の25％以上
事業継続年数	新規上場申請日から起算して，1年以上前から取締役会を設置して事業活動を継続していること
監査意見	a．「上場申請のための有価証券報告書」に添付される監査報告書（最近1年間を除く）において，「無限定適正意見」又は「除外事項を付した限定付適正意見」が記載されていること b．「上場申請のための有価証券報告書」に添付される監査報書等（最近1年間）において「無限定適正意見」が記載されていること c．上記監査報告書又は四半期レビュー報告書に係る財務諸表等が記載又は参照される有価証券報告書等に「虚偽記載」がないこと d．新規上場申請に係る株券等が国内の他の金融商品取引所に上場されている場合にあっては，次の(1), (2)に該当するものでないこと 　(1)　最近1年間の内部統制報告書に「評価結果を表明できない」旨が記載されていること 　(2)　最近1年間の内部統制監査報告書に「意見の表明をしない」旨が記載されていること

5．マザーズの上場基準（実質基準）

項　　目	上場基準の内容
単元株式数および株券の種類	単元株式数が100株となる見込みのあること 新規上場申請に係る株券等が次のaからcのいずれかであること a．議決権付株式を１種類のみ発行している会社における当該議決権付株式 b．複数の種類の議決権付株式を発行している会社において，経済的利益を受ける権利の価額等が他のいずれかの種類の議決権付株式よりも高い種類の議決権付株式 c．無議決権株式
その他	株式事務代行機関の設置（注２），株式の譲渡制限の廃止，指定振替機関における取扱いの対象等

（注１）　単位は，単元株制度を採用する場合には１単元の株式の数を，単元株制度を採用しない場合には１株をいいます。

（注２）　株式事務を，上場申請日までに，東証の承認する株式事務代行機関（信託銀行等）に委託しているか，または，当該株式事務代行機関から株式事務を受託する旨の内諾を得ていることをいいます（株券上場審査基準４条１項９号）。

5．マザーズの上場基準（実質基準）

マザーズでは，下記（１）～（４）の４つの観点から上場審査が行われます。

（１）　企業内容・リスク情報等の開示の適切性
（２）　企業経営の健全性
（３）　企業のコーポレート・ガバナンスおよび内部管理体制の有効性
（４）　事業計画の合理性
（５）　その他公益又は投資者保護の観点から東証が必要と認める事項

なお，マザーズでは「企業経営の継続性および収益性」に関する審査は

行わないことになっています。ただし，これについても，主幹事証券会社において審査されることが予想されます。

また，上場審査のために提出が要求される書類としては，「上場申請のための有価証券報告書」（Ⅰの部）と事業の内容，今後の事業計画などを記載した書類（ただし，上記事項を記載したパンフレット等の書類があれば代用可）が挙げられます。既存市場で要求されているいわゆる「Ⅱの部」は要求されていません。

以下では，実質審査基準について，より詳しく説明します。

(1) 企業内容・リスク情報等の開示の適切性

申請会社およびその企業グループに係る企業内容，リスク情報等の開示を適切に行うことができる状況にあるか否かについて審査します。

① 経営に重大な影響を与える事実等の会社情報を適正に管理し，投資者に対して適時，適切に開示することができる状況にあること。また，内部者取引（インサイダー）の未然防止に向けた体制が適切に整備，運用されていること

② 新規上場申請書類のうち，企業内容の開示に係るものが法令等に準じて作成されており，かつ，申請会社およびその企業グループの業種・業態の状況を踏まえ，財政状態・経営成績・資金収支の状況に係る分析および説明，関係会社の状況，研究開発活動の状況，大株主の状況，役員・従業員の状況，配当政策，公募増資の資金使途，リスク情報としての性格を有する情報等，投資者の投資判断上有用な事項が分かりやすく記載されていること

この場合において，リスク情報としての性格を有する情報とは，事業年数の短さ，累積欠損または事業損失の発生の状況，特定の役員へ

の経営の依存，他社との事業の競合状況，市場や技術の不確実性，特定の者からの事業運営上の支援の状況等，投資判断に際して申請会社のリスク要因として考慮されるべき事項に関する情報をいいます。
③　申請会社及びその資本下位会社等が，その特別利害関係者，人的関係会社もしくは資本的関係会社その他の特定の者との間の取引行為または資本下位会社等の株式の所有割合の調整等により，申請会社の企業グループの実態の開示を歪めていないこと
④　親会社等を有している場合には，申請会社の経営に影響を与える親会社等に関する事実等の会社情報を申請会社が適切に把握することができ，かつ投資者に対して，適時，適切に開示できる状況にあること

(2)　企業経営の健全性

申請会社及びその企業グループが事業を公正かつ忠実に遂行しているか否かについて審査します。
①　特定の者に対し，取引行為その他の経営活動を通じて不当に利益を供与または享受していないこと
②　親族関係，他の会社等の役員等との兼職の状況が，役員としての公正，忠実かつ十分な職務の執行または有効な監査の実施を損なう状況にないこと
③　親会社等を有している場合は，申請会社の経営活動が親会社等からの独立性を有する状況にあること

(3)　企業のコーポレート・ガバナンスおよび内部管理体制の有効性

申請会社グループのコーポレート・ガバナンスおよび内部管理体制が適切に整備され，機能しているか否かについて審査します。

① 役員の適正な職務の執行を確保するための体制が相応に整備され，適切に運用されている状況にあること
② 経営活動を有効に行うため，その内部管理体制が相応に整備され，適切に運用されていること
③ 経営活動の安定かつ継続的な遂行，および適切な内部管理体制の維持のために必要な人員が確保されていること
④ 企業グループの実態に即した会計処理基準を採用し，かつ，必要な会計組織が適切に整備，運用されている状況にあること
⑤ 経営活動その他の事項に関する法令等を遵守するための体制が適切に整備，運用されている状況にあること。また，最近において重大な法令違反を犯しておらず，今後も行わない状況にあること

（4） 事業計画の合理性

申請会社の事業計画が，そのビジネスモデル，事業環境，リスク要因等を踏まえて，適切に策定されていると認められ，申請会社が，当該事業計画を遂行するために必要な事業基盤を整備していることまたは整備する合理的な見込みがあるか否かが審査されます。

① 事業計画が，そのビジネスモデル，事業環境，リスク要因等を踏まえて，適切に策定されていると認められること
② 事業計画を遂行するために必要な事業基盤が整備されていると認められること，又は，整備される合理的な見込みがあると認められること

（5） その他公益又は投資者保護の観点から東証が必要と認める事項
① 株主の権利内容及びその行使の状況が不当に制限されていないこと

② 申請会社が買収防衛策を導入している場合には，以下の事項を尊重していること
　・開示の十分性
　・透明性
　・流通市場への影響
　・株主権の尊重
③ 経営活動や業績に重大な影響を与える係争または紛争等を抱えていないこと
④ 主要な事業活動の前提となる事項について，その継続に支障を来す要因が発生していないこと
⑤ 反社会的勢力による経営活動への関与を防止するための社内体制を整備し，当該関与の防止に努めていること及びその実態が公益または投資者保護の観点から適当と認められること
⑥ 新規上場申請に係る内国株式等が無議決権株式または議決権の少ない株式である場合には，定められた基準に適合するものであること
⑦ その他公益又は資者保護の観点から適当と認められること

6．マザーズの情報開示

　マザーズでは，会社法や金融商品取引法に基づく開示，東証の規則に定める会社情報の適時開示等を上場会社に義務づけています。
　さらに，マザーズでは年2回以上，投資に関する説明会を開催することを義務づけています。
　なお，四半期開示については，従来，「四半期財務・業績の概況」として投資家に対する開示を取引所のルールとして義務づけていましたが，平成20年4月1日以降開始事業年度からの金融商品取引法に基づく四半期報告

第11章　東証マザーズ

制度の導入に伴い，現在は法律上の制度として法定化されています。

第12章 その他の新興・成長企業向け市場

1．セントレックス（名古屋証券取引所）

(1) セントレックスとは

　名古屋証券取引所（以下，「名証」）が，平成11年10月に，資金調達力や収益力等について発展途上にある中堅・中小企業に対し新たな資金調達手段を提供するとともに，投資家に新たな投資機会を提供することを目的として市場第1部，第2部と並列する新市場として開設したのがセントレックス（成長企業市場）です。

(2) セントレックスの上場基準（形式基準）

　セントレックスの上場基準をまとめると，以下のようになります。

項　　目	上場基準の内容
対象企業	高い成長の可能性を有していること （当該事業に係る売上高が計上されていること）
時価総額	上場時に3億円以上
上場前の公募 または売出し	上場に際して500単位以上の公募または売出しを行うこと（注）
株主数	上場時に200人以上となる見込み
事業継続年数	上場申請日から起算して1ヶ年以前から取締役会を設置して継続的に事業活動を行っていること
監査意見	a．「上場申請のための有価証券報告書」に添付される監査報告書（最近1年間を除く）において「無限定適正意見」または「除外事項を付した限定付適正意見」が記載されていること

監査意見	b．「上場申請のための有価証券報告書」に添付される監査報告書（最近1年間）において，「無限定適正意見」等が記載されていること c．上記の監査報告書等に係る財務諸表等に「虚偽表示」がないこと
その他	株式事務代行機関の設置，株式の譲渡制限の廃止など単元株式数が上場時に100株となる見込みのあること

（注） 単位は，単元株制度を採用する場合には1単元の株式の数を，単元株制度を採用しない場合には1株をいいます。

（3） セントレックスの上場審査（実質基準）

以下の観点から審査が行われます。セントレックスではスピーディーな上場審査を行っており，上場審査の期間は約1〜2ヶ月を目安としています。

なお，マザーズと同様に，申請書類として「上場申請のための有価証券報告書」（Ⅱの部）は求められていません。

---
① 企業の成長性
② 企業経営の健全性
③ 企業内容・リスク情報等の開示の適切性
④ 企業のコーポレート・ガバナンスおよび内部管理体制の有効性
⑤ その他公益又は投資家保護の観点から名証が必要と認める事項

（4） セントレックスの情報開示

セントレックスでは，決算短信および四半期決算短信を開示することを上場会社に義務づけています。

また，上場後3年間は年2回以上の投資家向け企業説明会を開催する必

要があります。

2．アンビシャス（札幌証券取引所）

(1) アンビシャスとは

　札幌証券取引所（以下，「札証」）が，平成12年4月に，成長が期待される企業に円滑かつ機動的に資金調達を行うことができる場を提供し，投資家に新たな投資機会を提供することを目的として，既存の市場と並列する新市場として開設したのがアンビシャスです。

(2) アンビシャスの上場基準（形式基準）

　アンビシャスの上場基準をまとめると，以下のようになります。

項　目	上場基準の内容
対象企業	高い成長の可能性を有していると認められる北海道に関連のある企業（当該事業にかかる売上高が計上されていること）
時価総額	基準なし
純資産の額	上場日において1億円以上となる見込みのあること（最低2年間の営業利益が連続して5千万円以上の場合は「正」であること）
利益の額	直前事業年度の営業利益が正であること。ただし，直前事業年度の営業利益が負であっても，上場後，収益の向上が期待できる旨およびその理由を記載した書面を幹事証券会社が提出した場合において，札証が適当と認めた場合には，営業利益が正であることは問わない
上場前の公募または売出し	上場に際して500単位以上の公募または売出しを行うこと(注)
株主数	上場時に100人以上となる見込み

事業継続年数	上場申請日から起算して1ヶ年以前から取締役会を設置して継続的に事業活動をしていること
監査証明	a．最近2年間の有価証券報告書および最近1年間の四半期報告書等に「虚偽記載」がないこと b．「上場のための有価証券報告書」に添付される監査報告書（最近1年間を除く）において「無限定適正意見」または「除外事項を付した限定付適正意見」が記載されていること c．「上場申請のための有価証券報告書」に添付される監査報告書等（最近1年間）において，「無限定適正意見」等が記載されていること
その他	株式事務代行機関の設置，株式の譲渡制限の廃止など単元株式数が上場時に100株となる見込みのあること

(注) 単位は，単元株制度を採用する場合には1単元の株式の数を，単元株制度を採用しない場合には1株をいいます。

(3) アンビシャスの上場審査（実質基準）

以下の5つの観点から審査が行われます。なお，他の新興企業向け市場と同様に，申請書類として「上場申請のための有価証券報告書」（Ⅱの部）は求められていません。

①　企業内容，リスク情報の開示の適切性
②　企業の収益性
③　企業のコーポレート・ガバナンスおよび内部管理体制の有効性
④　企業経営の健全性
⑤　その他公益又は投資家保護の観点から札証が必要と認める事項

（4） アンビシャスの情報開示

アンビシャスでは，決算短信および四半期決算短信を開示することを上場会社に義務づけています。

また，上場後3年間は年1回以上の投資家向け企業説明会を開催することが義務づけられています。

3．Qボード（福岡証券取引所）

（1） Qボードとは

福岡証券取引所（以下，「福証」）が，平成12年5月に，将来性ある新興企業等に対して資金調達の場を提供することを目的として，既存の市場とは別に創設した新市場がQボード（Q-Board）です。

（2） Qボードの上場基準（形式基準）

Qボードの上場基準をまとめると，以下のようになります。

項　　目	上場基準の内容
対象企業	営業の主体を九州周辺に有し，新しい技術またはユニークな発想その他により，今後の成長の可能性があると認められる企業（当該事業にかかる売上高が計上されていること）
時価総額	上場時価総額が3億円以上となる見込み
純資産の額	上場時の純資産が正
上場前の公募または売出し	上場時に500単位以上の公募または売出しを行うこと（注）
株主数	上場時に200人以上となる見込み
事業継続年数	上場申請日から起算して，1ヶ年以前から取締役会を設置して継続的に事業活動をしていること

監査証明	a．「上場申請のための有価証券報告書」に添付される監査報告書等（最近1年間を除く）において「無限定適正意見」または「除外事項を付した限定付適正意見」が記載されていること b．「上場申請のための有価証券報告書」に添付される監査報告書等（最近1年間）において，「無限定適正意見」等が記載されていること c．上記の監査報告書等に係る財務諸表等に「虚偽表示」がないこと
その他	株式事務代行機関の設置，株式の譲渡制限の廃止など単元株式数が上場時に100株となる見込みのあること

（注）　単位は，単元株制度を採用する場合には1単元の株式の数を，単元株制度を採用しない場合には1株をいいます。

（3）　Qボードの上場審査（実質基準）

以下の4つの観点から審査が行われます。なお，他の新興企業向け市場と同様に，申請書類として「上場申請のための有価証券報告書」（Ⅱの部）は求められていません。

---
① 企業内容リスク情報等の開示の適正性

② 企業経営の健全性

③ 企業のコーポレート・ガバナンスおよび内部管理体制の有効性

④ その他公益又は投資家保護のために福証が必要と認める事項

（4）　Qボードの情報開示

Qボードでは，決算短信および四半期決算短信を開示することを上場会社に義務づけています。

また，Qボードでは，年2回以上の投資家向け企業説明会を開催するこ

とが義務づけられています。

4．TOKYO PRO Market

（1） TOKYO PRO Market とは

TOKYO PRO Market は，平成21年6月に東京証券取引所（以下，「東証」）とロンドン証券取引所（以下，「LSE」）が合弁（東証51％，LSE49％）で設立したプロ向け市場制度に基づく TOKYO AIM を母体とした市場です。平成24年7月から TOKYO PRO Market として，TOKYO AIM の市場コンセプトを承継し，東証が市場運営を行っています。TOKYO PRO Market の概要は以下の通りです。

① TOKYO PRO Market は，日本やアジアの成長企業に新たな資金調達の場を用意するとともに，国内外のプロ投資家に新たな投資機会を提供します。

② LSE のロンドン AIM の制度を基に日本やアジアの実情を考慮した全く新しい制度的枠組みを構築しています。

③ ロンドン AIM の中核的制度である指定アドバイザー（J-Adviser）制度を採用しています。J-Adviser とは，TOKYO PRO Market の承認を受けたコーポレート・ファイナンスのアドバイザーであり，新規上場に際して，担当会社の上場適格性を調査・確認するとともに，上場後においても担当会社が継続的に上場会社としての義務を履行するよう助言・指導を行います。

④ TOKYO PRO Market で直接売買を行うことができるのは，金融商品取引法における特定投資家および非居住者です。

⑤ 内部統制報告書の提出・公表は任意であり，四半期開示の義務もありません。

(2) TOKYO PRO Market の上場基準（形式基準）

主として以下の事項が必要になると考えられます。

① J-Adviser との契約・確保
② 最近1年間に係る財務諸表について，監査法人による監査証明（監査意見は無限定適正またはこれに準ずるもの）
③ 財務書類が日本会計基準，米国会計基準，国際会計基準またはこれらの3基準と同等の会計基準に基づいて作成されていること
④ 株式の譲渡制限の廃止（特定投資家等に限定することを除く）
⑤ 株式事務代行機関の設置
⑥ 新規上場株式が指定振替機関の振替業における取扱いの対象であること，またはその見込みであること

(3) TOKYO PRO Market の上場審査（実質基準）

新規上場申請者は，次の各号に掲げる上場適格性要件を満たす必要があります。

① 当取引所の市場の評価を害さず，上場するに相応しい会社であること
② 事業を公正かつ忠実に遂行していること
③ コーポレート・ガバナンスおよび内部管理体制（この規程を遵守することを含む）が企業の規模や成熟度等に応じて整備され，機能していること
④ 開示義務を履行できる体制を整備していること
⑤ 反社会的勢力との関係を有しないこと

(4) TOKYO PRO Market の情報開示

　金融商品取引法におけるプロ向け銘柄であり，有価証券届出書，有価証券報告書，四半期報告書，内部統制報告書等の作成義務はありません。ただし，特定投資家向けに限定の取得勧誘等を行う場合には，「特定証券情報」を提供・公表する必要があります。また，「特定証券情報」を提供・公表した会社は，「発行者情報」を1事業年度に1回以上継続して公表する必要があります。

第13章　上場基準一覧表

　以下では，主にベンチャー企業が上場を目指す時の主な市場につき，上場基準を比較します。

第13章　上場基準一覧表

	東京証券取引所 JASDAQ スタンダード	東京証券取引所 JASDAQ グロース	東京証券取引所 マザーズ
対象企業	一定の事業規模と実績を有し，事業の拡大が見込まれる企業	特色ある技術やビジネスモデル等を有し，将来の成長可能性に富んだ企業	高い成長の可能性を有していると認められる企業
事業継続年度	―	―	1年以上
売上高等	―	―	―
利益の額	最近1年間の利益の額が1億円以上であること ※上場日における時価総額が50億円以上となる見込みである場合には，利益金額は問わない		
純資産の額 (上場時見込み)	連結純資産の額が2億円以上であること	連結純資産の額が正であること	
上場時価総額 (上場時見込み)	―		10億円以上
上場前の公募または売出し	上場日の前日までに行う公募又は売出しの株券等の数が1,000単位または上場時に見込まれる上場株券等の数の10%のいずれか多い株式数以上であること		上場時までに500単位以上の公募を行うこと
流通株式（注1） (上場時見込み)　株式数	―		2,000単位以上
時価総額	5億円以上		5億円以上
株式数(比率)	―		上場株券等の25%以上
株主数（注2） (上場時見込み)	200人以上		200人以上
上場審査提出書類等	・上場申請のための有価証券報告書（Ⅰの部） ・上場申請のための報告書（Ⅱの部） ・上場申請のための四半期報告書		・上場申請のための有価証券報告書（Ⅰの部） ・上場申請のための四半期報告書
ディスクロージャー等	・会社法や金融商品取引法に基づく開示 ・東証の規則に定める会社情報の適時開示		・会社法や金融商品取引法に基づく開示 ・東証の規則に定める会社情報の適時開示 ・上場後3年間は投資家向け説明会を年2回以上開催
上場廃止基準等 (注1) (注2)	・株主数が150人未満（猶予期間1年） 　流通株式数が500単位未満（猶予期間1年） ・上場時価総額が2.5億円未満（猶予期間1年） ・債務超過（猶予期間1年） ・連結会計年度の営業利益の額が負であること（猶予期間あり） ※JASDAQ グロースの上場会社に限る ・銀行取引停止，破産，民事再生手続等		・株主数が400人未満（上場後10年間は150人未満）（猶予期間1年） ・流通株式数が2,000単位未満（上場後10年間は1,000単位未満）（猶予期間1年） ・流通株式時価総額が5億円未満（上場後10年間は2.5億円未満）（猶予期間1年） ・流通株式比率が5%未満（所定の書面を提出する場合を除く）（猶予期間なし） ・最近1年間の月平均売買高が10単位未満または，最近3ヶ月間において，売買が成立していない場合

第13章　上場基準一覧表

名古屋証券取引所	札幌証券取引所	福岡証券取引所	東京証券取引所
セントレックス	アンビシャス	Q-Board	TOKYO PRO Market
高い成長の可能性を有していること	高い成長の可能性を有している北海道に関連のある企業	九州周辺に本店を有する企業または九州周辺における事業実績・計画を有する企業	J-Adviser が上場適格と判断した企業
1年以上	1年以上	1年以上	―
高い成長の可能性を有していると認められる事業の売上高が上場申請日の前日までに計上されていること	―	成長可能事業の売上高が計上されていること	
―	直前事業年度の営業利益が正（営業利益が「正」でない場合において高い収益性が期待できる場合を含む）		
―	1億円以上（最近2年間の営業利益が連続して5千万円以上の場合は「正」であること）	連結・単体純資産が正であること	
3億円以上	―	3億円以上	
上場時までに500単位以上の公募又は売出しを行うこと	上場時までに500単位以上の公募又は売出しを行うこと	上場時までに500単位以上の公募を行うこと	
―	―	―	
―	―	―	
200人以上	100人以上	200人以上	
・上場申請のための有価証券報告書（Ⅰの部） ・上場申請のための四半期報告書	・上場申請のための有価証券報告書（Ⅰの部） ・上場申請のための四半期報告書	・上場申請のための有価証券報告書（Ⅰの部） ・上場申請のための四半期報告書	・特定証券情報（上場申請のための有価証券報告書（Ⅰの部），上場申請のための四半期報告書は不要）
・会社法や金融商品取引法に基づく開示 ・名証の規則に定める会社情報の適時開示 ・上場後3年間は投資家向け説明会を年2回以上開催	・会社法や金融商品取引法に基づく開示 ・札証の規則に定める会社情報の適時開示 ・上場後3年間は投資家向け説明会を年1回以上開催	・会社法や金融商品取引法に基づく開示 ・福証の規則に定める会社情報の適時開示 ・投資家向け説明会を年2回以上開催	TOKYO PRO Market の規則に基づく会社情報の適時開示
・株主数が150人未満（猶予期間1年） ・上場時価総額が2億円未満（猶予期間9ヶ月（所定の書面を3ヶ月以内に提出しない場合は3ヶ月）） ・最近1年間の月平均売買高が10単位未満かつ月平均付値率が20％未満（猶予期間1年） ・債務超過（上場後3年間を除く）（猶予期間1年） ・銀行取引停止，破産，民事再生手続等	・株主数が100人未満（新規上場後2年間は適用しない）（猶予期間1年） ・上場時価総額が2億円未満（上場後4年間適用しない）（猶予期間9ヶ月（所定の書面を3ヶ月以内に提出しない場合は3ヶ月）） ・最近1年間の月平均売買高が2単位未満 ・債務超過（猶予期間1年） ・銀行取引停止，破産，民事再生手続等	・株主数が100人未満（猶予期間1年） ・上場時価総額が2億円未満（猶予期間9ヶ月（所定の書面を3ヶ月以内に提出しない場合は3ヶ月）） ・最近1年間の月平均売買高が4単位未満 ・債務超過（猶予期間1年） ・銀行取引停止，破産，民事再生手続等	指定アドバイザー（J-Adviser）との契約関係を失ったとき（猶予期間1ヶ月） ※上場廃止の要件である，債務超過などの状況が確認される場合においては，J-Adviser は一方的に J-Adviser 契約を解消することができる。

第13章　上場基準一覧表

	東京証券取引所		東京証券取引所
	JASDAQ スタンダード	JASDAQ グロース	マザーズ
			・上場後3年経過以後で債務超過となり，1年以内に債務超過を解消していない場合 ・最近1年間の売上高が1億円未満である場合（経常利益が計上されている場合，および上場後5年間において売上高が1億円未満である場合を除く） ・時価総額が10億円未満（上場後10年間は5億円未満）となった場合（猶予期間9ヶ月（所定の書面を3ヶ月以内に提出しない場合は3ヶ月）） ・銀行取引停止，破産，民事再生手続等
上場賦課金（注3）	・上場審査料200万円 ・新規上場料600万円 ・年間上場料100万円または120万円（時価総額により異なる）		・上場審査料200万円 ・新規上場料100万円＋資金調達額×9/10,000＋売出価額×1/10,000（上限2,000万円） ・年間上場料48万円〜408万円（時価総額により異なる）
公認会計士・監査法人の監査意見，虚偽記載	・監査報告書（最近1年間を除く）において，「無限定適正意見」又は「除外事項を付した限定付適正意見」が記載されていること ・監査報告書（最近1年間）または四半期レビュー報告書において，「無限定適正意見」又は「無限定の結論」が記載されていること ・最近2年間の有価証券報告書等に虚偽記載を行っていないこと ・新規上場申請に係る株券等が国内の他の金融商品取引所に上場されている場合にあっては，次の①および②に該当しないこと（注4） ① 最近1年間に終了する事業年度に係る内部統制報告書において，「評価結果を表明できない」旨が記載されていること ② 最近1年間に終了する事業年度に係る内部統制報告書に対する内部統制監査報告書において，「意見の表明をしない」旨が記載されていること		・監査報告書（最近1年間を除く）において，「無限定適正意見」又は「除外事項を付した限定付適正意見」が記載されていること ・監査報告書（最近1年間）又は四半期レビュー報告書において，「無限定適正意見」又は「無限定の結論」が記載されていること ・最近2年間の有価証券報告書等に虚偽記載を行っていないこと ・新規上場申請に係る株券等が国内の他の金融商品取引所に上場されている場合にあっては，次の①及び②に該当しないこと（注4） ① 最近1年間に終了する事業年度に係る内部統制報告書において，「評価結果を表明できない」旨が記載されていること ② 最近1年間に終了する事業年度に係る内部統制報告書に対する内部統制監査報告書において，「意見の表明をしない」旨が記載されていること

（注1） 上場申請にかかる有価証券のうち，大株主および役員等の所有する有価証券並びに申請会社が保有する自己株式などその所有が固定的でほとんど流通可能性が認められない株式を除いた有価証券をいいます。具体的には直前の基準日等現在の発行済株式数から以下の者が所有する株式数を控除して算出します。①役員②10％以上を所有する株主③自社（自己株式）④特別利害関係者
（注2） 1単位は，単元株制度を採用する場合には1単元の株式の数をいい，単元株制度を採用しない場合には，1株をいう。
（注3） 上場賦課金には，TDnet 利用料は含まれておらず，別途かかる。
（注4） 平成23年3月31日以前から監査または四半期レビューを受けている公認会計士または監査法人により，平成23年3月31日以前に開始した事業年度および平成23年3月31日から1年以内に開始する事業年度の財務諸表等について監査または四半期レビューを受けている場合には適用しない。

第13章　上場基準一覧表

名古屋証券取引所	札幌証券取引所	福岡証券取引所	東京証券取引所
セントレックス	アンビシャス	Q-Board	TOKYO PRO Market
・上場審査料100万円 ・新規上場料100万円～（上限2,000万円） ・年間上場料15万円～（上場株式数により変動）	・上場審査料100万円 ・新規上場料150万円＋定率1単位当たり12円 ・年賦課金60万円（上場後3年間は30万円）	・上場審査料50万円 ・新規上場料150万円 ・年賦課金6万円～36万円（時価総額等により異なる）	改訂前と同じ ・新規上場料300万円 ・新規発行等に伴う料金．新株が発行された価格×発行された株式数×9／10,000＋既存の株式が売り出された価格×売り出された株式数×1／10,000 ・年間上場料48万円～408万円（時価総額により異なる）
・監査報告書（最近1年間を除く）において，「無限定適正意見」又は「除外事項を付した限定付適正意見」が記載されていること ・監査報告書（最近1年間）又は四半期レビュー報告書において，「無限定適正意見」又は「無限定の結論」が記載されていること ・最近2年間の有価証券報告書等に虚偽記載を行っていないこと ・新規上場申請に係る株券等が国内の他の金融商品取引所に上場されている場合にあっては，次の①及び②に該当しないこと（注4） ①　最近1年間に終了する事業年度に係る内部統制報告書において，「評価結果を表明できない」旨が記載されていること ②　最近1年間に終了する事業年度に係る内部統制報告書に対する内部統制監査報告書において，「意見の表明をしない」旨が記載されていること	・監査報告書（最近1年間を除く）において，「無限定適正意見」又は「除外事項を付した限定付適正意見」が記載されていること ・監査報告書（最近1年間）及び四半期レビュー報告書において，「無限定適正意見」又は「無限定の結論」が記載されていること ・最近2年間の有価証券報告書等に虚偽記載を行っていないこと ・新規上場申請に係る株券等が国内の他の金融商品取引所に上場されている場合にあっては，次の①及び②に該当しないこと（注4） ①　最近1年間に終了する事業年度に係る内部統制報告書において，「評価結果を表明できない」旨が記載されていること ②　最近1年間に終了する事業年度に係る内部統制報告書に対する内部統制監査報告書において，「意見の表明をしない」旨が記載されていること	・監査報告書（最近1年間を除く）において，「無限定適正意見」又は「除外事項を付した限定付適正意見」が記載されていること ・監査報告書（最近1年間）又は四半期レビュー報告書において，「無限定適正意見」又は「無限定の結論」が記載されていること ・最近2年間の有価証券報告書等に虚偽記載を行っていないこと ・新規上場申請に係る株券等が国内の他の金融商品取引所に上場されている場合にあっては，次の①および②に該当しないこと（注4） ①　最近1年間に終了する事業年度に係る内部統制報告書において，「評価結果を表明できない」旨が記載されていること ②　最近1年間に終了する事業年度に係る内部統制報告書に対する内部統制監査報告書において，「意見の表明をしない」旨が記載されていること	・最近1年間の監査意見を必要とし，特定証券情報において求められる財務書類には，「無限定適正意見」若しくは「無限定の結論」又はこれに準ずる意見若しくは結論が記載されていること （なお，財務書類は日本会計基準，米国会計基準，国際会計基準またはこれらの3基準と同等の会計基準に基づいて作成する）

（出所：各証券取引所ホームページより）

編著者紹介

税理士法人　山田＆パートナーズ

http://www.yamada-partners.gr.jp/
〒100-0005
東京都千代田区丸の内1丁目8番1号　丸の内トラストタワーN館8階
・国内拠点
　札幌事務所，東北事務所，金沢事務所，静岡事務所，名古屋事務所，京都事務所，関西事務所，広島事務所，福岡事務所
・海外拠点
　シンガポール，中国（上海），ベトナム
【主な業務内容】
　税務申告，相続・事業承継コンサルティング，法人税務・財務コンサルティング，医療機関・福祉施設支援業務，国際税務コンサルティング

優成コンサルティング株式会社

http://www.yusei.biz/
〒100-0005
東京都千代田区丸の内1丁目8番1号　丸の内トラストタワーN館8階
【主な業務内容】
　株式上場支援，資本政策の策定支援

執筆者　税理士法人　山田＆パートナーズ（五十音順）
　五十嵐　俊晴・奥山　啓彦・加藤　喬也・門田　英紀・木本　有紀・田中　匠・福井　貴久・山口　真

優成コンサルティング株式会社
　大山　文夫

経営者のための　株式上場ハンドブック　第3版

平成20年3月17日　初版発行©
平成21年12月3日　第2版発行
平成27年8月8日　第3版発行

編著者　税理士法人　山田＆パートナーズ
　　　　優成コンサルティング株式会社
発行者　宮　本　弘　明
発行所　株式会社　財経詳報社
　〒103-0013　東京都中央区日本橋人形町1-7-10
　電　話　03（3661）5266　FAX　03（3661）5268
　http://www.zaik.jp
　振替口座　00170-8-26500

乱丁，落丁本はお取替え致します。　　印刷・製本　創栄図書印刷
Printed in Japan　©2015　　　　　　ISBN　978-4-88177-536-3